# 优秀说理
# 检察法律文书

最高人民检察院／选编

中国检察出版社

## 图书在版编目（CIP）数据

优秀说理检察法律文书/最高人民检察院编．
—北京：中国检察出版社，2018.9
ISBN 978-7-5102-2172-9

Ⅰ.①优… Ⅱ.①最… Ⅲ.①检察机关－法律文书－写作－中国 Ⅳ.①D926.13

中国版本图书馆CIP数据核字（2018）第208468号

### 优秀说理检察法律文书
最高人民检察院　选编

| | |
|---|---|
| 责任编辑： | 李冬青 |
| 美术编辑： | 曹　晓 |
| 技术编辑： | 蒋　龙 |
| 出版发行： | 中国检察出版社 |
| 社　　址： | 北京市石景山区香山南路109号（100144） |
| 网　　址： | 中国检察出版社（www.zgjccbs.com） |
| 编辑电话： | (010)86423753 |
| 发行电话： | (010)86423726　86423727　86423728 |
| | (010)86423730　68650016 |
| 经　　销： | 新华书店 |
| 印　　刷： | 保定市中画美凯印刷有限公司 |
| 开　　本： | A5 |
| 印　　张： | 7.5 |
| 字　　数： | 205千字 |
| 版　　次： | 2018年9月第一版　2024年4月第七次印刷 |
| 书　　号： | ISBN 978-7-5102-2172-9 |
| 定　　价： | 29.00元 |

检察版图书，版权所有，侵权必究
如遇图书印装质量问题本社负责调换

# 关于印发优秀说理检察法律文书的通知

高检发研字〔2018〕13号

各省、自治区、直辖市人民检察院,新疆生产建设兵团人民检察院:

按照《最高人民检察院关于实行检察官以案释法制度的规定》和《最高人民检察院关于加强检察法律文书说理工作的意见》要求,各级人民检察院不断规范和加强检察法律文书说理工作,在落实检察环节普法责任制,增强检察工作透明度,提升司法公信力,让人民群众在每一个司法案件中感受到公平正义方面发挥了积极作用。

高检院党组高度重视检察法律文书说理工作,张军检察长多次作出批示,要求不断加强检察法律文书说理工作。按照张军检察长要求,高检院组织开展了优秀说理检察法律文书评选工作。经由一线办案检察官及相关专家组成评审组,对各省级院报送的160份文书进行匿名评审并征求高检院各业务厅意见后,现确定重庆市南岸区人民检察院关于邹某容非法买卖危险物质案不批准逮捕理由说明书等22份文书为优秀说理检察法律文书,予以通报下发。

各级人民检察院要认真组织学习印发的优秀文书,继续推进检察法律文书说理工作。一是要进一步提升对检察法律文书说理重要意义的认识,将其作为新形势下检察环节贯彻司法责任制新要求,落实普法责任,提升检察工作公信力的重要抓手予以推进。二是要按照《最高人民检察院关于实行检察官以案释法制度的规定》《最高人民检察院关于加强检察法律文书说理工作的意见》要求,结合重点案件和重点办案环节,讲究方法,创新方式,注重实效,有针对性地做好检察法律文书说理工作。三是要经常性地组织开展优秀说理检察法律文书讲评、评比、展示、学习活动,对说理不合格的检察法律文书也要适当曝光,加强经验交流,吸取工作教训,促进检察法律文书说理工作健康发展。四是要把检察法律文书说理工作要求落实在办案一线,通过强化说理,优化办案实效,为人民群众提供更好、更优的法治产品、检察产品。

最高人民检察院

2018年8月21日

# 目　录

## 一、审查逮捕文书

1. 重庆市南岸区人民检察院关于邹某容非法买卖危险物质案不批准逮捕理由说明书 …………………………… 3
2. 山东省泰安市岱岳区人民检察院关于王某合同诈骗案不批准逮捕理由说明书 …………………………………… 7

## 二、公诉文书

3. 河北省邯郸市人民检察院关于曹东东交通肇事、故意杀人案公诉意见书 ……………………………………… 13
4. 江苏省扬州市人民检察院关于李波故意杀人案公诉意见书 …………………………………………………………… 21
5. 山东省临沂市人民检察院关于陈文辉等诈骗、侵犯公民个人信息案公诉意见书 ……………………………… 28
6. 云南省临沧市临翔区人民检察院关于李俊贤、李稳益涉嫌组织考试作弊案公诉意见书 ……………………… 40
7. 湖南省邵阳市人民检察院关于徐国才受贿案公诉意见书 …………………………………………………………… 46
8. 山东省人民检察院关于于欢故意伤害上诉案出庭检察员意见书 ………………………………………………… 55
9. 天津市人民检察院关于徐立国故意杀人上诉案出庭检察

员意见书 ································· 69

## 三、不起诉文书

10. 浙江省绍兴市柯桥区人民检察院关于屠某方诈骗案不起诉决定书 ································· 81

## 四、刑事抗诉文书

11. 甘肃省武威市凉州区人民检察院关于杨东山诈骗案刑事抗诉书 ································· 93
12. 江苏省常州市人民检察院关于周勇受贿案支持刑事抗诉意见书 ································· 100

## 五、民事诉讼法律监督文书

13. 山东省人民检察院关于高某英等财产纠纷案提请抗诉报告书 ································· 107
14. 上海市闵行区人民检察院关于潘某华确认合同无效纠纷案提请抗诉报告书 ······················· 122
15. 广西壮族自治区武宣县人民检察院关于博宣公司买卖合同纠纷案再审检察建议书 ················· 135
16. 山西省太原市迎泽区人民检察院关于山西省代理商联合会借款合同纠纷案再审检察建议书 ········· 146
17. 重庆市人民检察院关于李某商品房预售合同纠纷案民事抗诉书 ································· 154
18. 福建省人民检察院关于刘某华医疗纠纷案民事抗诉书 ································· 173

## 六、公益诉讼文书

19. 山东省德州市经济开发区人民检察院关于任城区环保局不依法履职行政公益诉讼起诉书 ............ 191
20. 湖北省十堰市郧阳区人民检察院关于郧阳区林业局不依法履职行政公益诉讼起诉书 ............ 198

## 七、检察建议书

21. 江苏省连云港市赣榆区人民检察院关于预防未成年人犯罪检察建议书 ............ 209
22. 江苏省昆山市人民检察院关于对昆山市浩宇建材厂综合整治检察建议书 ............ 214

# 一、审查逮捕文书

文书一 重庆市南岸区人民检察院关于邹某容非法买卖危险物质案不批准逮捕理由说明书

# 邹某容涉嫌非法买卖危险物质不批捕案

2017年1月24日，重庆市南岸区某地村民报警称当地居民蓄水池疑似受到污染。公安机关经现场勘查，在提取的池水样本及当地居民尿液中均检出百草枯成分。经排查，公安机关发现某农资店经营者邹某容曾于当月19日出售过一箱（15瓶）百草枯。经辨认，锁定购买者为苟光国。当日，苟光国在家中被抓获归案（另案处理）。

2017年2月1日，重庆市南岸区公安分局决定对邹某容涉嫌非法买卖危险物质案立案侦查，同日，邹某容被刑事拘留。2月8日，公安机关以犯罪嫌疑人邹某容涉嫌非法买卖危险物质罪提请批准逮捕。2月15日，南岸区人民检察院以证据不足作出不批准逮捕决定。

承办检察官：重庆市南岸区人民检察院　刘　宇

# 重庆市南岸区人民检察院
# 不批准逮捕理由说明书

渝南检侦监不批捕说理〔2017〕40号

重庆市公安局南岸区分局：

你局2017年2月8日以渝公南岸（长）提捕字〔2017〕2号文书提请批准逮捕的犯罪嫌疑人邹某容，经审查，我院对其作出不批准逮捕决定。根据《中华人民共和国刑事诉讼法》第八十八条的规定，现说明理由如下：

非法买卖危险物质罪，是指违反法律规定，未经国家有关部门批准，非法制造、买卖、运输、储存危险物质的行为。非法买卖危险物质罪侵犯的客体是公共安全，即不特定多数人的生命、健康和重大公私财产安全。同时还侵犯了国家的毒害性、放射性、传染病病原体物质管理制度。本案中，百草枯农药无论从行业主管部门严格的监管规定还是从实际投放在饮用水源中造成的现实危害看，应属于生活中的毒害性物质。犯罪嫌疑人邹某容将百草枯水剂农药销售给苟光国被其利用投放到蓄水池，苟光国已经因涉嫌投放危险物质罪被立案追究刑事责任，现该案虽尚在侦查阶段，但从证据角度已能认定出现了被他人利用进行违法犯罪活动的后果。认定犯罪嫌疑人邹某容是否构成非法买卖危险物质罪，关键在对于"非法买卖"的判断上。根据2013年1月31日最高人民法院《关于发布第四批指导案例的通知》（指导案例13号，王召成等非法买卖、储存危险物质案），"非法买卖"毒害性物质，是指违反法律和国家主管部门规定，未经有关主管部门批准许可，擅自购买或者出售毒害性物质的行为，并不需要兼有买进和卖出的行为。现有证据不足以证实邹某容实施了刑法意义上的"非法买卖"行为。

第一，百草枯水剂农药不属于危险化学品，应受农药管理规范调整。百草枯虽纳入了《危险化学品目录》，但针对危险化学品的说明，表明目录中"除混合物之外无含量说明的条目，是指该条目的工业产品或纯度高于工业产品的化学品，用作农药用途时，是指其原药。"犯罪嫌疑人邹某容销售的百草枯水剂含量只有20%，是否属于原药尚无证据进行认定，从常理角度分析，似属于混合制剂，不属于《危险化学品目录》所指的物质。且《危险化学品安全管理条例》第八十四条关于危险化学品生产、经营企业禁止性条款中有"向个人销售剧毒化学品（属于剧毒化学品的农药除外）"的规定，意即剧毒农药不属于该条例的调整范围。因此，销售百草枯等农药只能适用《中华人民共和国农药管理条例》。

第二，违反政府部门公告停止销售百草枯的要求并不当然构成"非法买卖"行为。根据《中华人民共和国农药管理条例》规定，其第四章有专门对农药经营的规范性条款，但在"罚则"一章中并无违反相关管理要求涉嫌违规销售应受到刑事处罚的规定。农业部、工业和信息化部、国家质量监督检验检疫总局公告（第1745号）规定的"自2016年7月1日起停止水剂在国内销售和使用"。也仅是作了"停止销售"的表述，未涉及违反该要求应当追究刑事责任的内容。易言之，除了该部门公告之外，在上位法中未找到对类似行为的处罚规定。总体而言，国家法律和有关行业主管部门并未将违规销售农药视为需要追究刑事责任的行为，目前认定为"非法买卖"于法无据。

第三，邹某容主观上缺乏对违规销售百草枯农药水剂的刑事违法性认识。根据第一点分析可以看出，国家法律未明确规定销售百草枯农药构成犯罪，有关行政法规和政府主管部门的规范性文件也只是对销售农药进行了严格监管，并未规定违规销售农药构成刑事犯罪。而从实际经营过程中看，邹某容也缺乏对违规销售百草枯农药可能涉嫌犯罪的认识基础。一是其具有农药销售的资质，从事农药销售是正常的经营行为。二是其从正规厂家进货销售，国家允许销售百草枯多年,销售对象具有惯常性,并非国家明令禁止销售的品类。百草枯农药毒性修订为剧毒目前还处于行业论证阶段,并未成为正式的农药登记等级。三是相关行政执法监管存在粗疏,邹某容作为销售人员未从日常监管中切身感受到销售百草枯农药的严重危害性。如从公告内容看只是要求销售门店自行停止销售,未售出的进行退货处理,而不是强制清查收缴,在日常巡查监督的力度上也有所欠缺等。四是其辩解百草枯作为除草剂毒性并不大,喷洒农作物两三天后就可以食用。

第四,从刑法的谦抑性上看,在国家未修订《中华人民共和国农药管理条例》,对违反行业主管部门关于农药销售的相关禁止性规范作出构成犯罪规定的情况下,越过行政处罚的位阶,直接以犯罪论处与该行为的社会危害性不相匹配,不符合刑法的最后保护原则。"停止销售"的用语与"禁止销售"有重大区别,违反停止销售的规定是否应当上升到"非法买卖"的高度进行刑事评价存在争议。非法买卖危险物质罪的法定刑与投放危险物质罪的法定刑相当,对于长期从事农资经营的个体工商户而言,仅仅因为违反了农业主管部门关于停止销售百草枯农药的规定就要承担与因私人恩怨投放农药到群众饮用水源的犯罪嫌疑人一样的刑责,从情理上不符合罪责刑相适应的原则。

重庆市南岸区人民检察院<br>2017 年 2 月 15 日

文书二　山东省泰安市岱岳区人民检察院关于王某合同诈骗案不批准逮捕理由说明书

# 王某涉嫌合同诈骗不批捕案

2017年4月20日,犯罪嫌疑人王某与"第一买主"周某元签订房屋买卖合同,将其位于某小区小产权房以20万元的价格卖给周某元,但两人口头约定名为买卖,实为借贷抵押,王某向周某元借款15万元,预先扣除利息后,实际出借139500元。2017年8月28日,王某隐瞒房屋已抵押给周某元的事实,又与"第二买主"李某波签订房屋买卖合同,将该套房产以386000元的价格卖给了李某波。

2017年10月15日,泰安市公安局岱岳区分局以诈骗罪对本案进行立案侦查。2018年3月17日,犯罪嫌疑人王某被刑事拘留。3月23日,公安机关提请批准逮捕。3月30日,岱岳区人民检察院以王某不构成犯罪为由,作出不批准逮捕决定。5月4日,公安机关作出撤销案件决定。

承办检察官:山东省泰安市岱岳区人民检察院　陈　勇
　　　　　　　　　　　　　　　　　　　　　　田　歌

# 山东省泰安市岱岳区人民检察院
# 不批准逮捕理由说明书

泰岱检侦监不批捕说理〔2018〕14号

山东省泰安市公安局岱岳区分局：

你局2018年3月23日以岱岳公（经）提捕字〔2018〕30号文书提请批准逮捕的犯罪嫌疑人王某，经审查，我院作出不批准逮捕决定。根据《中华人民共和国刑事诉讼法》第八十八条的规定，现说明理由如下：

犯罪嫌疑人王某的行为不构成合同诈骗罪。

首先，犯罪嫌疑人王某和"第一买主"周某元之间系借款抵押关系而非房屋买卖关系。

犯罪嫌疑人王某供认：其为了从周某元处借高利贷，和周某元签订了房屋买卖合同，但实际上系以涉案房产作抵押，两人之间名为买卖，实为借贷，且最能支撑上述供述的一个客观事实即其不可能将价值四五十万元的房产以20万元的价格出卖给周某元，这明显有失公平。周某元在公安机关有两次证言：均证实双方存在房屋买卖关系。但在王某是否提议过借款抵押上，前份证言予以否认，后一份证言才证实了王某有过借款抵押的意思表示，且其一方的证人郑某建、徐某锋证明王某和周某元的确就涉案房产签订了买卖合同，但是否还约定系借款抵押，二人不知情。针对三人的证言，结合周某元平时主要对外发放高利贷，及郑某建平时帮周某元联系高利贷客户，和周某元存在利益关系，及徐某锋的身份系周某元的律师来看，周某元一方的证言在买卖关系上高度一致，但是否存在借款抵押关系却避重就轻，承办人认为三人的证言可信度不高。承办人基于这一点复核了上述三人证言,三人均承认在公安机关作证前订立了攻守同盟,实际上双方之间存在借款抵押的意思表示,遂对三人在公安机关的证言不予采信。因此,根据最高人民法院《关于审理民间借贷案件适用法律若干问题的规定》第二十四条"当事人以签订买卖合同作为民间借贷合同的担保,借款到期后借款人不能还款,出借人请求履行买卖合同的,人民法院应当按照民间借贷法律关系审理,并向当事人释明变更诉讼请求"的规定,认定双方之间系借款抵押关系。

其次,犯罪嫌疑人王某主观不具有非法占有"第二买主"李某波钱财的故意。

犯罪嫌疑人王某的确存在欺诈行为,隐瞒房屋已抵押给周某元的事实,并伪造之前房主的房屋买卖合同,才将涉案房产出卖给"第二买主"李某波、张某娟夫妇。但不能认定其主观上有非法占有的故意,主要表现在:其一,从王某"一房二卖"的原因来看,犯罪嫌疑人王某和周某元系借款抵押关系,那么其当然有权处分自己的房产,有权将涉案房屋出卖给李某波夫妇。其二,从"一房二卖"行为是否给被害人造成经济损失上看,犯罪嫌疑人王某和李某波夫妇达成了买卖小产权房屋的真实意思表示,李某波夫妇向其支付了386000元的房款,其将房屋交付给了李某波夫妇使用,双方之间买卖行为完成。据被害人李某波陈述,案发后周某元一方经常前来骚扰,但其一直还住在涉案房屋里,根据《中华人民共和国物权法》第十五条及《全国民事审判工作会议纪要(2011年)》第十六条"当事人之间订立有关变更不动产物权的合同,自合同成立时有效,未办理物权登记的,不影响合同效力;数份房屋买卖合同均为合法有效且各买受人均要求履行合同的,应按照合法占有房屋的顺序确定权利保护顺位"的规定,李某波就涉案房屋的占有达到了相对平稳的状态,即使周某元来骚扰,也系占有上的瑕疵,不影响李某波对房屋先行合法占有事实的成立,那么李某波夫妇得到了房屋,也就无经济损失。其三,从债务清偿上看,犯罪嫌疑人王某卖房的初衷就是为偿还周某元的高利贷,在将房屋卖给李某波夫妇前后，也一直找周某元商量还款数额，因周某元任意抬高还款数额，才导致至今未归还。且在审查逮捕阶段，犯罪嫌疑人王某通过律师已与周某元达成了还款协议，双方之间的纠纷得以平息。其四，从款项去向上看，犯罪嫌疑人王某从周某元处得到的139500元高利贷借款和从李某波夫妇处得到的395000元房款，用于投资烧烤生意、放贷给他人，投资的烧烤生意已经准备就绪时正巧碰上违章建筑拆迁而夭折，放贷给他人的款项因对方失去联系而无法追回，故上述款项均用于继续经营，但因客观原因导致无法追回，不属于法律意义上的"挥霍"。

最后，在刑民交叉案件中刑法应尽可能保持其谦抑性。

在我国法律体系中，刑法作为其他部门法的保障法，只有当其他部门法不能充分保护某种法益时，才由刑法保护。本案中，侦查机关混淆了经济犯罪和民事纠纷的界限，模糊了合同诈骗和民事欺诈两种相似行为。在经济交往中，在不损害公共利益、集体利益或者第三人利益的前提下，应尽可能遵循当事人意思自治原则，保留由当事人自己处理、解决纠纷的最大空间，尽可能保持刑法的谦抑性。

综上，犯罪嫌疑人王某的行为不构成合同诈骗罪，决定不批准逮捕。

泰安市岱岳区人民检察院<br>2018年3月30日

# 二、公诉文书

文书三　河北省邯郸市人民检察院关于曹东东交通肇事、故意杀人案公诉意见书

# 曹东东交通肇事、故意杀人案

2013年3月3日晚9时30分许，被告人曹东东醉酒超速驾驶机动车，撞上徐某玲驾驶的电动自行车，致使徐某玲当场死亡。同时，坐在电动自行车后座的赵某烨（16岁）被拖挂至肇事车底部，曹东东驾车逃逸700余米，致赵某烨当场死亡。该案在当地造成恶劣影响，曾引发全国近五十余家媒体、网站广泛报道。被害人家属强烈要求以危险方法危害公共安全罪、故意杀人罪对曹东东及三名乘车人追责，声称随时进京上访。

面对舆论的关切，承办检察官坚持严格的证明标准，加强对客观性证据、关键性证据的调查核实，专程到案发现场勘查，多次参加侦查实验，走访痕检专家、法医学专家，拓宽了相关知识领域，解决了事实法律争议。庭前会议阶段，公诉人准确把握了诉辩焦点，增强了庭前预测，强化了当庭指控力度。

2013年12月30日，河北省邯郸市人民检察院以被告人曹东东犯交通肇事罪、故意杀人罪向邯郸市中级人民法院提起公诉。庭审过程中，面对被告人拒不供认并声称遭到刑讯逼供，公诉人果断要求启动排除非法证据程序，提请法庭通知侦查人员出庭作证。在辩护人对起诉书指控的"故意杀人罪"做无罪辩护，对专家意见提出种种质疑时，公诉人适时提请法庭通知痕检专家、法医出庭作证，圆满地反驳了辩护人提出的质疑。同时，公诉人注重庭审释法说理与法治宣传教育，促成被告人当庭向被害人家属道歉。检察机关所做出的大量工作赢得了被害人家属的理解与支持，取得了较好

的法律效果与社会效果。

　　2014年9月12日,邯郸市中级人民法院作出一审判决,认定被告人曹东东犯故意杀人罪,判处死刑,剥夺政治权利终身;犯交通肇事罪,判处有期徒刑五年。决定执行死刑,剥夺政治权利终身。一审宣判后,被告人提出上诉。二审期间,被告人取得被害人家属谅解。2015年6月10日,河北省高级人民法院作出终审判决,维持原判,认定被告人曹东东犯故意杀人罪,判处死刑,缓期二年执行,剥夺政治权利终身;犯交通肇事罪,判处有期徒刑五年。决定执行死刑,缓期二年执行,剥夺政治权利终身。

　　　　承办检察官:河北省邯郸市人民检察院　刘　洁

二、公诉文书

# 河北省邯郸市人民检察院
# 公诉意见书

被告人：曹东东
案由：交通肇事罪、故意杀人罪
起诉书号：冀邯市检刑诉〔2013〕80号
审判长、审判员：

根据《中华人民共和国刑事诉讼法》第一百八十四条、第一百九十三条、第一百九十八条和第二百零三条的规定，我们受河北省邯郸市人民检察院的指派，代表本院，以国家公诉人的身份，出席法庭支持公诉，并依法对刑事诉讼实行法律监督。现对本案证据和案件情况发表如下意见，请法庭注意。

根据《中华人民共和国刑事诉讼法》第一百八十六条及第一百九十条的规定，今天的法庭调查合法公正。公诉人依法讯问了被告人，并向法庭依次宣读、出示了物证、书证、现场勘查笔录、鉴定意见、证人证言等大量证据。这些证据，由侦查机关通过合法的程序取得，亦已经过控辩双方的质证，形成了严密的证据体系，充分证实了本院起诉书指控被告人的犯罪事实清楚，证据确实充分。虽然被告人当庭避重就轻、拒不供认，但有大量的证人证言、与现场勘查笔录、尸检报告等证据，互相印证，客观、全面地证实了被告人犯罪的全过程，也证实了被告人所应承担的责任。为进一步揭露犯罪，证实犯罪，惩罚犯罪，弘扬国法，宣传法治，现发表如下公诉意见。

## 一、被告人曹东东构成交通肇事罪、故意杀人罪

纵观被告人曹东东的犯罪过程,涉及三个"节点"、经过三个"阶段"、触犯两个"罪名"。

首先,本案有三个关键的"节点":第一个节点是"撞车点",位于北京路与京府大街路口东侧;第二个节点是"下车查看点",位于北京路与万大路口东侧;第三个节点是"倒车点",位于大名县质量技术监督局门前。

其次,与三个"节点"对应的是犯罪的三个阶段:

第一个阶段:被告人曹东东醉酒、超速驾驶机动车,行驶至北京路与京府大街路口东侧路段时,追尾撞上同向行驶的由大名县人民医院护士徐某玲(殁年48岁)驾驶的电动自行车,致徐某玲当场死亡。在第一阶段,曹东东醉酒、超速驾驶,致一人死亡,构成交通肇事罪。

第二个阶段:肇事后,曹东东驾车逃逸,致使乘坐电动自行车的赵某烨(徐某玲女儿,殁年16岁)被卷入轿车车底。赵某烨腰部被挤压在左后轮前位置,车辆左后轮不能正常转动。曹东东在发现车辆行驶困难,同车人要求停车的情况下,仍加大油门、以S线行驶至北京路与万大路口东侧。在第二阶段,曹东东明知车下可能有人,仍驾车逃逸,放任被害人死亡结果的发生,构成(间接)故意杀人罪。

第三阶段:曹东东下车查看发现车下的赵某烨后,继续上车行驶至大名县质量技术监督局门前,倒车将赵某烨从车底甩出,后驾车逃逸,致赵某烨当场死亡。在第三阶段,曹东东明知车下有人,仍继续开车并倒车甩脱被害人,构成(直接)故意杀人罪。

## 二、被告人曹东东犯罪事实清楚,证据确实充分

1. 被告人曹东东醉酒驾车致徐某玲死亡,构成交通肇事罪,理由如下:

本案破案及时，公安人员接警后立即赶赴现场，将肇事逃逸车辆截停并抓获了被告人曹东东。抓获被告人曹东东后，经对其血液酒精定量检测，结果为213.8mg/100ml；经技术鉴定，发生碰撞时被告人曹东东所驾驶轿车的瞬时速度不小于87公里/小时；被告人曹东东属醉酒、超速驾驶。公安机关道路交通事故责任认定，被告人曹东东负事故的全部责任。经检验，被告人曹东东所驾肇事车辆前机器盖、前保险杠、前牌照与被害人所骑电动自行车后载物架、后挡泥板、支架有撞擦接触。被害人徐某玲的尸检报告与现场勘查、检验鉴定、分析意见、侦查实验等相吻合。证人苗某南、宋某刚、董某刚等人的证言证实，曹东东肇事后逃逸。

综上，被告人曹东东违反交通运输管理法规，醉酒、超速驾驶车辆，发生事故致徐某玲死亡的行为，构成交通肇事罪；且交通肇事后逃逸。

2. 被告人曹东东交通肇事后逃逸，明知车下有人仍继续行驶，并通过倒车甩脱被害人，致被害人赵某烨死亡，构成故意杀人罪，理由如下：

（1）被告人曹东东交通肇事后，明知车下有人，为逃逸拖行并倒车甩脱被害人。

首先，发生交通肇事时，被告人曹东东应当知道其撞到了人。经检测，曹东东视力正常；大名县住房和城乡建设局及大名县气象局出具的证明以及公安机关侦查实验证明，案发时事故现场路段能见度较好，坐在车内可清晰看到前方30米的电动自行车；证人苗某南等证明碰撞后被告人表现异常紧张；被告人供述其当时听到了巨大的碰撞声，感觉撞了东西。

其次，被告人曹东东驾车逃逸，应当知道车下可能拖挂被害人。被告人有八年驾龄，对车辆性能、行驶状态、特性等有一定的了解。侦查实验说明，由于被害人赵某烨腰部被挤压在左后轮前位置，造成车辆左后轮不能正常转动，车辆行驶困难，被告人逃逸过程中加大油门、以S形线行驶的行为，系其故意为之，否则车辆会自动熄火。以上证明，以曹东东的驾驶经验和当时的车辆状况，其可以判断出车下可能拖挂被害人，但其为了逃逸，故意加大油门、以S线行驶，放任被害人死亡结果的发生。

再次，被告人曹东东中途下车查看，看到了车下的被害人赵某烨。证人宋某刚、董某刚证实，其二人与曹东东停车下车查看，宋、董二人走到车左前灯外侧时，均看到了车下的被害人，曹东东下车也曾站在此位置。经过侦查实验，曹东东站在此位置时被害人的状态能够自然进入其视野。宋、董二人回到车上曾谈及车底下可能有人。以上证明被告人在停车查看过程中应当看到被害人挂在车下的状态。

最后，被告人曹东东再次上车行驶约300米，突然倒车，进一步证明曹东东明知车下有人。证人证言、公安机关现场分析意见证实，在被害人掉落位置，被告人所驾车辆有停车、倒车动作；坐在副驾驶的苗某南证实，被告人倒车时前方没有车辆、行人、障碍物等东西。上述证据可以推断出被告人倒车的目的是为了甩脱车下的被害人。

（2）被害人赵某烨被卷挂在车底时尚未死亡。

经尸检，死者赵某烨符合交通事故造成多脏器损伤、体表大面积软组织挫灭、内源性异物阻塞呼吸道死亡。且已经出现"两眼睑结膜有多量针样出血点""局部急性肺水肿"的尸体征象，说明其窒息过程至少已进入"呼气性呼吸困难（惊厥期）"，从机体受机械性外力作用开始到进入"呼气性呼吸困难（惊厥期）"，需要2.5-3.5分钟。假使赵某烨从碰撞的瞬间，就开始呕吐，并将食物残渣吸入气管引起窒息，那么至少从其进入车底后的2.5-3.5分钟，赵某烨尚未死亡。根据肇事后行驶距离（约420米）以及供证的被告人车速（约40迈），推断从撞车点到被告人下车查看点，用时应不到1分钟。所以在被告人下车查看及再次上车行驶时，被害人赵某烨尚未死亡。

综上，被告人曹东东在交通肇事后逃逸过程中，明知车下有人、继续行驶会造成被害人死亡结果的发生，仍驾车行驶并甩脱被害人，其行为已构成故意杀人罪。

### 三、被告人犯罪情节和后果均特别严重、社会影响恶劣，应依法予以严惩

根据《中华人民共和国道路交通安全法》第七十条规定，"在道路上发生交通事故，车辆驾驶人应当立即停车，保护现场，造成人身伤亡的，车辆驾驶人应当立即抢救受伤人员，并迅速报告执勤的交通警察或者公安机关交通管理部门。"被告人曹东东在发生交通肇事后，不仅没有停车抢救伤者，反而继续驾车逃逸。在发现车辆行驶困难，明知车下可能拖带被害人的情况下，故意加大油门、以Ｓ线行驶。更为恶劣的是，在下车查看发现车底的被害人后，继续开车、倒车，将被害人甩出。主观恶性极大，行为极其恶劣。

由于曹东东的犯罪行为，导致两个生命的逝去。被害人赵某烨年仅16周岁，是大名县新一中的学生，品学兼优。尸检照片显示，赵某烨"死未瞑目"。可以想见，这个16岁的花季少女在死之前，经历了一段怎样的痛苦过程。两位被害人的死亡，令被害人家属悲痛欲绝，一个原本幸福美满的家庭就这样支离破碎。

案件发生后，不仅在当地引起轰动，而且，全国近五十家网站及媒体对该案进行了报道。人们震惊之余，更多的是悲痛与愤怒。然而，在今天的庭审中我们却看到，被告人曹东东无认罪、悔罪表现，不能如实供述犯罪事实，避重就轻、推卸责任。我们希望，被告人在受到法律制裁的同时，能够接受灵魂的拷问。人非草木，孰能无情？扪心自问，被告人曹东东你能感受到被害人家属心灵永远的痛吗？你能体会到一夜之间失去妻子、女儿的被害人家属的心吗？但愿这样的人间悲剧不再上演。

### 四、本案带给人们的警示

随着我国经济社会高速发展，机动车保有量快速增长，机动车驾驶人大幅增加，在极大地方便了人民群众的同时，醉酒驾车犯罪呈多发、高发态势，严重危害了道路交通安全和广大人民群众的生

命、健康。本案的发生再次为驾驶员朋友们敲响警钟：请尊重他人的生命，不要违规驾驶，更不要在交通事故发生后，心存侥幸，置他人生命安危于不顾。否则，将受到法律最严厉的制裁。

审判长、审判员，被告人曹东东违反交通运输管理法规，醉酒后驾驶车辆夜间载人上路超速行驶，发生交通事故造成一人死亡的后果，负事故的全部责任，且交通肇事后逃逸；在逃逸过程中，曹东东明知车下可能拖带被害人，继续驾车逃逸，下车查看发现被害人赵某烨后，继续开车、倒车，将被害人甩出，最终造成被害人赵某烨死亡的后果。其行为触犯了《中华人民共和国刑法》第一百三十三条、第二百三十二条，犯罪事实清楚，证据确实、充分，应当以交通肇事罪、故意杀人罪追究其刑事责任。特提请法庭根据被告人的犯罪事实、情节、性质以及对社会的危害程度以及被告人的认罪态度，依法做出公正的判决。

公诉人：刘洁

2014年4月24日当庭发表

## 文书四  江苏省扬州市人民检察院关于李波故意杀人案公诉意见书

# 李波故意杀人案

2007年1月9日,美国洛杉矶某公园湖内发现一垃圾桶内装有女尸,经确认死者系中国公民高某梅(女)。警方经过大量排查,发现死者丈夫李波有重大作案嫌疑。2014年7月,美国加州高等法院对李波发出逮捕令。2015年9月9日,李波在江苏扬州被抓获归案。经调查,李波已于2010年回国定居并娶妻生子。后经中美两国协商,美国警方将案件移交我国办理。随后,江苏省扬州市人民检察院提前介入,会同专案组先后两次赴美重新勘查现场,调查取证,最终顺利完成证据采信转化,为案件进入诉讼程序奠定了扎实基础。

2016年11月11日,扬州市人民检察院以被告人李波犯故意杀人罪向扬州市中级人民法院提起公诉。在前期大量工作的基础上,扬州市检察院精心准备出庭预案,充分利用庭前会议契机,将案件管辖、非法证据排除等程序性问题提前化解,并促成被告人家属先行赔偿。庭审过程中,公诉人充分利用多媒体系统示证,还原了案发现场。法庭辩论阶段,控辩双方充分发表了意见。公诉人当庭发表公诉意见,注重情、理、法交融,集指控犯罪、释法说理、普法宣传于一体,取得了良好的庭审效果。最终李波在庭审中多次掉泪,表示认罪服法。旁听庭审的美国检察官利萨·库恩对中国司法机关顺利突破口供、严谨的证据展示和激烈的法庭论辩表示赞许。

2017年12月25日,扬州市中级人民法院作出判决,认定被告人李波犯故意杀人罪,判处无期徒刑,剥夺政治权利终身。一审宣判后,被告人李波未上诉,判决已生效。

承办检察官:江苏省扬州市人民检察院　戴　飞
　　　　　　　　　　　　　　　　　　　王　旭
　　　　　　　　　　　　　　　　　　　顾学荣

# 江苏省扬州市人民检察院
# 公诉意见书

被告人：李波
案由：故意杀人
起诉书号：扬检诉刑诉〔2016〕28 号
审判长、审判员：

今天依法公开开庭审理被告人李波故意杀人一案，根据《中华人民共和国刑事诉讼法》第一百八十四条、第一百九十三条、第一百九十八条和第二百零三条的规定，我们以国家公诉人的身份，出席法庭支持公诉，并依法履行法律监督职责。

## 一、认定的事实、证据和适用法律

起诉书指控被告人李波因感情纠纷、言语冲突，于 2006 年 12 月 13 日，在位于美国洛杉矶县圣盖博市史蒂芬大街的住处，以卡扼颈部的手段杀害其妻高某某，后抛尸沉湖。针对上述犯罪事实，公诉人讯问了被告人，出示了相关证人证言、鉴定意见及现场勘验照片等证据，美国警方相关机构及人员的资质证明说明了物证及生物检材的提取人、提取时间，证据来源合法，内容客观真实，具备证明效力。

被告人李波在侦查、审查逮捕和审查起诉阶段、庭前会议中共有 40 余份供述稳定一致，且有同步录音录像证实取证的合法性，今天当庭亦如实供述。证人岳某、叶某、章某某等人证实被告人李波因婚姻家庭矛盾日益加深而心生不满，具备犯罪动机。证人杨某某的证言、被害人高某某的手机通话记录及基站位置图证实了李波具有作案时间。特别值得注意的是：被告人李波供述的故意杀人过程中用绳索固定垃圾桶及抛尸过程的细节，与美国警方提供的现场勘查记录、尸体检验记录、DNA 分析报告相吻合，且属于非经亲身经历不能供述的事实，一系列证据足以证实起诉书指控的犯罪事实清楚。

从两次庭前会议的内容来看，控辩双方对管辖、回避等程序性问题不持异议，对大部分证人证言不持异议，对法医鉴定、DNA 检验报告的真实性、合法性不持异议。针对两次庭前会议及今天庭审中辩护人所提出试剂盒、基因位点、估算值、毒物鉴定等问题，在质证阶段控方已经逐一回应。现有客观证据体系包括尸检意见，美国验尸官于 2007 年 3 月 31 日明确"根据腐烂变化，不排除因窒息、缺氧和身体或颈部受压迫而死"的意见，江都区公安局的法医杨卫华对该份尸检报告作出详细的解读和说明。美国警方还于 2011 年 4 月 20 日出具了 DNA 分析报告，证明从女性身体内提取的 DNA 图谱中主要贡献者的图谱与被告人李波相匹配，而且主要贡献者的匹配概率估算是基于 ID 试剂盒中全部位点作出的；美国警方同时针对绳索、铁丝所作出的 DNA 检测报告也已经经过了国内法医的专业解读，形成客观真实的证据锁链。

综上，被告人李波故意非法剥夺他人生命，致人死亡，其行为触犯《中华人民共和国刑法》第二百三十二条，犯罪事实清楚，证据确实、充分，应当以故意杀人罪追究其刑事责任。

## 二、被告人李波走向犯罪的根源及造成的社会危害

挖掘本案的犯罪根源，必须了解矛盾的起源和发展。从被告人李波与高某某的相识、交往过程来看，父母的阻力之下，是李波的坚持使二人成婚；艰难的移民生活之初，是李波的辛劳让高某某有了一技之长和稳定的收入。一方倾其所有提供条件，另一方抓住机遇立足发展。随着双方语言能力、薪酬待遇、融入美国社会程度的差距逐渐拉开，平衡被打破了，最终因为感情、经济等诸多分歧使矛盾不断升级，直至发生杀人惨剧。

挖掘本案的犯罪根源，有必要剖析当事人双方的情感变化历程。充分了解案情以后我们发现：在杀人行为发生以前很长一段时间，被告人李波和高某某之间持续冷战。从李波的角度来看：是我的亲戚关系，把你从江都农村带到美国；是我的加班加点，让你有房有车有美容师执照，我的付出没有得到回报。高某某的所有行为特征都围绕"我要更好的生活，得不到想要的生活，我至少要自由。"一旦这种思维方式、行为方式的差异不能及时沟通，价值观的激烈冲突极易导致恶性刑事案件的发生。

挖掘本案的犯罪根源，要全面了解社会生活的发展变化规律。随着我国经济的高速发展，走出国门已屡见不鲜。打工、留学，都会面临语言的障碍、沟通途径的缺乏和情绪抚慰的缺失。在生活压力、文化冲突之下，竞争更激烈、关系更紧张，舒缓情绪的路径更狭窄，矛盾双方的视野里焦点只是对方的过错，只有冲突本身，一旦形成积怨极容易引发恶性事件。十多年前发生在大洋彼岸的故意杀人案件，随着侦查、审查、审判的进程即将尘埃落定，然而伤痛远不能随着审判而结束。

谈到本案的社会危害性，首先是对被害人及其父母造成无法弥补的伤痛。被害人高某某的童年和成长过程都有些曲折，或许正是特殊的经历影响了她特定的追求，无论现实社会中道德如何评价，生命是人的最高人格权益，任何人不能非法剥夺。高某某过世以后，其父母陷于悲痛难以自拔，得知嫌疑人竟然是女婿李波，其父在巨大的心理压力之下罹患癌症很快即不治身亡，生母、养母都要独自面对悲怆的晚年。

谈到本案的社会危害性，也要提到本案对李波后半生轨迹的改变。被告人李波2006年在美国实施杀人行为，2010年回国定居，已经重新娶妻生子，内心却一直经受着煎熬：既有东窗事发的恐惧，也有良心谴责的内疚，更有不堪设想的焦虑……如今归案受审即将面对的是刑罚处罚。

一起发生在家庭内部的故意杀人案件，更使千千万万的老百姓对亲情产生质疑，被告人李波的行为在引起中美社会极大关注的同时,造成了严重的负面影响。

### 三、本案留给人们的思考

一个家庭的悲剧,折射出很多社会问题:

第一,我们该如何约束自己的行为?能不能真正敬畏法律?

"法网恢恢,疏而不漏"绝不是一句空话,时隔11年,相距11000公里,被告人李波依然会因为自己的行为被绳之于法。案发至今,美国、中国警方锲而不舍、通力合作,锁定李波有重大作案嫌疑、签发逮捕令,直至缉拿归案、顺利告破。在此,我们也要向美国同行的认真和敬业表示敬意。构建一个法治社会,前提是"法律必须被信仰",否则它形同虚设。如果被告人李波能够信仰法律、约束自己的行为,他本来可以有其他选择……

第二,我们该如何面对冲突?能不能常常换位思考?

被告人李波在自己的悔过书中提到:"在我与高某某有矛盾、发生争吵的时候,我没有选择解决问题而是选择逃避、导致问题复杂化……随着高某某拿到了美容证书,有了稳定的收入,我也应该多学习、多沟通,但自己做得远远不够,缺少交流、缺乏沟通,加之自己脾气也不好,致使二人的关系越来越冷淡。"回到案发当天,两人争吵过程中家人打来电话,缓和关系的契机却变成了破釜沉舟的利器,如果他们能够更多地换位思考,彼此多一些体谅和忍让,矛盾不积累、冲突就不会升级。

第三,我们该如何实现成长?能不能把反思与面对当成必修课?

社会在前进,每个人却要不断反思过去、面对当下才能实现成长。什么是成功?什么是幸福?富裕是不是快乐的唯一源泉?我们还需要传承勤奋诚实、知恩图报吗?不同的人会给出不同的答案,然而遵纪守法是底线、尊重生命是红线。大洋彼岸是不是天堂?移民人群应该如何构建社会支持系统、保证心理健康?本案也给人们留下了诸多思考……

综合考量全案,应适用《刑法》第二百三十二条规定的死刑、无期徒刑或者十年以上有期徒刑法定刑幅度。鉴于本案系婚姻家庭矛盾所引发，被告人李波归案后能如实供述自己的罪行，认罪态度较好、具有悔罪表现。其家人代为赔偿被害人近亲属并取得谅解。综上，建议对被告人李波在有期徒刑 12 年至 14 年之间判处刑罚。

公诉人：戴飞　王旭　顾学荣
2017 年 5 月 4 日当庭发表

## 文书五　山东省临沂市人民检察院关于陈文辉等诈骗、侵犯公民个人信息案公诉意见书

# 陈文辉等诈骗、侵犯公民个人信息案

山东"徐玉玉被电信诈骗案"是影响较大的诈骗案件。陈文辉等7名犯罪嫌疑人先后交叉结伙,在江西、广西、海南、山东等多地设立诈骗窝点,以发放助学金、购房补贴的名义拨打电话实施诈骗。2016年8月19日晚,陈文辉等犯罪嫌疑人以发放贫困学生助学金为名,诈骗山东省临沂市罗庄区高三毕业学生徐玉玉9900元钱。徐玉玉发现自己被骗后,与父亲一起去派出所报警,回家途中身体出现不适入医院抢救,于8月21日抢救无效死亡。公安机关出具的死亡原因分析报告认为,徐玉玉应系被诈骗后出现忧伤、焦虑、情绪压抑等不良精神和心理因素的情况下发生心源性休克,行心肺复苏后继发多器官功能衰竭而死亡。

徐玉玉被电信诈骗案发生后,迅速形成舆论焦点。最高人民检察院、公安部下发《关于联合挂牌督办第一批电信网络诈骗犯罪案件的通知》,将该案作为一号案件挂牌督办。最高人民检察院、山东省人民检察院指派公诉、侦监部门专人跟踪案件进展,赴临沂进行专案指导。临沂市人民检察院迅速成立专案组,指导罗庄区人民检察院介入公安侦查,会同公安机关先后三次召开案件讨论会,引导取证,就案件管辖、定性、法律适用、证据收集与固定等提出针对性意见,为案件顺利办理打下基础。庭审阶段,公诉人根据出庭预案,重点围绕各被告人交叉结伙实施电信网络诈骗的分工、电话拨打次数、取款、分赃等关键问题分别对各被告人进行讯问;分十组对诈骗罪和侵犯公民个人信息罪两个罪名进行了详细举证,宣

读并同时运用多媒体技术直观展示证据内容、播放视听资料、视频截图等；详细询问了专家证人对徐玉玉死亡原因的分析论证思路，针对七名被告人及其辩护人提出的 34 条辩护意见，进一步分析证据，阐述公诉方的事实认定和法律依据。最终确定了诈骗行为与徐玉玉死亡之间的因果关系，有力回应了社会公众的关注。

2017 年 4 月 17 日，山东省临沂市人民检察院以陈文辉等七名被告人犯诈骗罪、侵犯公民个人信息罪向临沂市中级人民法院提起公诉。6 月 27 日，法院公开开庭审理本案。7 月 19 日，临沂市中级人民法院作出一审判决，认定被告人陈文辉犯诈骗罪，判处无期徒刑，剥夺政治权利终身，并处没收个人全部财产，犯侵犯公民个人信息罪，判处有期徒刑五年，并处罚金人民币三万元，决定执行无期徒刑，剥夺政治权利终身，并处没收个人全部财产；被告人郑金锋犯诈骗罪，判处有期徒刑十五年，并处罚金人民币六十万元；被告人黄进春犯诈骗罪，判处有期徒刑十二年，并处罚金人民币四十万元；被告人熊超犯诈骗罪，判处有期徒刑八年，并处罚金人民币二十万元；被告人陈宝生犯诈骗罪，判处有期徒刑七年，并处罚金人民币十五万元；被告人郑贤聪犯诈骗罪，判处有期徒刑六年，并处罚金人民币十万元；被告人陈福地犯诈骗罪，判处有期徒刑三年，并处罚金人民币十万元。陈文辉、黄进春、陈宝生不服一审判决，向山东省高级人民法院提出上诉。同年 9 月 12 日，山东省高级人民法院裁定驳回三名上诉人的上诉，维持原判。

承办检察官：山东省临沂市人民检察院　谭长志
　　　　　　　　　　　　　　　　　　胡友章
　　　　　　　　　　　　　　　　　　李　涛
　　　　　　　　山东省兰陵县人民检察院　宋炎炎

# 山东省临沂市人民检察院
# 公诉意见书

**被告人**：陈文辉、郑金锋、黄进春、熊超、陈宝生、郑贤聪、陈福地

**案由**：诈骗罪、侵犯公民个人信息罪

**起诉书号**：临检公二刑诉〔2017〕3号

审判长、审判员：

又是一年高考季。近日，2017年的高考成绩陆续公布，又到了填报志愿、等待录取通知书的时刻，又到了无数莘莘学子圆梦高校、人生起航的时刻。而就在一年前，2016年8月，一封来自南京邮电大学的录取通知书带给徐玉玉无尽的欢乐和对未来生活的美好憧憬；8月19日一个发放学生助学金的诈骗电话却骗走了父母为她准备的9900元学费，让这个年轻而鲜活的生命永远定格在18岁，定格在即将踏入高校大门的那一天。

今天，诈骗徐玉玉等高考学生的被告人陈文辉、郑金锋、黄进春、熊超、陈宝生、郑贤聪、陈福地犯诈骗罪、侵犯公民个人信息罪一案在此开庭，为揭露骗局、警醒大众，打击诈骗犯罪、弘扬法治正义，根据《中华人民共和国刑事诉讼法》第一百八十四条、第一百九十三条、第一百九十八条和第二百零三条的规定，我们受临沂市人民检察院的指派，代表本院，以国家公诉人的身份出席法庭支持公诉，并依法对刑事诉讼实行法律监督。

通过刚才的法庭调查，公诉人讯问了被告人，询问了鉴定人、具有专门知识的人，向法庭宣读了证人证言、被害人陈述，播放了视听资料，出示了物证、书证等相关证据，这些证据，均

系侦查机关通过合法程序取得，被告人及其辩护人对上述证据进行了充分质证，法庭对被告人的犯罪事实进行了全面详尽的审理。这些证据形成完整的证据体系，构成指控犯罪的基石，充分证明本院起诉书指控七名被告人的犯罪事实清楚，证据确实、充分，适用法律准确。现对本案证据和案件情况发表如下意见，请法庭注意。

**一、被告人陈文辉、郑金锋、黄进春、熊超、陈宝生、郑贤聪、陈福地的行为构成诈骗罪，犯罪事实清楚，证据确实、充分**

《中华人民共和国刑法》第二百六十六条规定，诈骗罪是以非法占有为目的，用虚构事实或者隐瞒真相的方法，骗取他人财物的行为。

被告人陈文辉、郑金锋、黄进春等七人交叉结伙，以非法占有为目的，通过网络购买学生信息和公民购房信息，分别在江西省九江市（以下简称九江市）、江西省新余市（以下简称新余市）、广西壮族自治区钦州市（以下简称钦州市）、海南省海口市（以下简称海口市），冒充教育局、财政局、房产局工作人员，以发放贫困学生助学金、购房补贴为名，以高考学生为主要诈骗对象，拨打电话，骗取他人钱财，构成诈骗罪。

其中，在九江市、新余市诈骗犯罪中，被告人郑金锋明知陈文辉等人实施诈骗犯罪，介绍、组织他人帮助陈文辉接收、转移诈骗赃款，成立诈骗罪的共犯。在九江市诈骗犯罪中，被告人熊超、陈福地，明知他人实施诈骗犯罪，受郑金锋指使，提供银行卡，帮助陈文辉接收、转移诈骗赃款，成立诈骗罪的共犯。

对于上述事实，有七名被告人的在案供述和当庭供述，供述稳定且相互印证，证明诈骗犯罪的共谋过程、具体分工、分赃比例、拨打电话次数等犯罪情节；被害人的陈述和证人证言，证明被害人被诈骗的具体过程；现场勘查笔录、房屋租赁合同等证明被告人租赁诈骗场所情况；通讯数据报告、通话详单、银行交易明细等，证明被告人在各犯罪地点拨打诈骗电话的次数和诈骗金额。

上述证据之间能够相互印证，形成完整的证据体系，结合今天的庭审，足以证明陈文辉等七名被告人的行为构成诈骗罪，犯罪事实清楚，证据确实、充分。

## 二、被告人陈文辉的行为构成侵犯公民个人信息罪，犯罪事实清楚，证据确实、充分

《中华人民共和国刑法》第二百五十三条之一规定，窃取或者以其他方法非法获取公民个人信息的，以侵犯公民个人信息罪定罪处罚。

本案中被告人陈文辉从杜天禹处通过QQ非法购买公民个人信息10万余条，构成侵犯公民个人信息罪。

证人杜天禹、宋鹏、刘东、周斌的证言与平台漏洞详情、移动硬盘中提取的高考学生信息等证据相互印证，证明杜天禹侵入普通高等学校招生考试信息平台，非法获取高考学生信息的事实。

被告人陈文辉的供述与证人杜天禹的证言、QQ聊天记录截图、支付宝交易明细等证据相互印证，证明陈文辉从杜天禹处非法购买高考学生信息10万余条并用于电信诈骗活动。

上述证据之间能够相互印证，形成完整的证据体系，结合今天的庭审，足以证明被告人陈文辉的行为构成侵犯公民个人信息罪，犯罪事实清楚，证据确实、充分。

## 三、被告人陈文辉、郑金锋、黄进春、熊超、陈宝生、郑贤聪、陈福地应负的法律责任

（一）犯罪数额及拨打电话次数的认定

1. 被告人陈文辉组织、指挥他人实施电信诈骗，在九江市、新余市分别拨打诈骗电话7000余人次、6000余人次，共计拨打1.3万余人次，情节特别严重；诈骗31.199万元，数

额巨大。被告人陈文辉非法获取公民个人信息10万余条,情节特别严重。

2. 被告人郑金锋组织、帮助他人在九江市、新余市、钦州市、海口市实施电信诈骗,分别诈骗22.81万元、6.3444万元、18.35万元、6.9988万元,共计诈骗54.5032万元,数额特别巨大;拨打诈骗电话1万余人次,情节特别严重。其中,在新余市诈骗中,被告人郑金锋介绍的取款人于2016年6月帮助陈文辉接收、转移诈骗赃款,其应对6月份6.3444万元的诈骗金额负责。在九江市诈骗中,前期由郑金锋为陈文辉介绍取款人,后期由郑金锋亲自组织陈福地、熊超帮助陈文辉接收、转移诈骗赃款,郑金锋参与九江市诈骗的全过程,应对22.81万元的诈骗金额负责。

3. 被告人黄进春积极实施电信诈骗,在九江市、新余市、钦州市,个人分别拨打2000余人次、3000余人次、1000余人次,分别与同案犯共同拨打诈骗电话3000余人次、6000余人次、1000余人次,共计1万余人次,情节特别严重。被告人黄进春伙同他人在九江市、新余市、钦州市分别诈骗11.5826万元、8.389万元、2.5777万元,共计22.5493万元,数额巨大。

4. 被告人熊超积极参与并组织吴首耀参与钦州市电信诈骗,二人分别拨打诈骗电话3000余人次,熊超应当对自己及吴首耀共同拨打的6000余人次诈骗电话负责,情节特别严重。被告人熊超帮助在九江市实施诈骗的陈文辉接收、转移诈骗赃款,与他人共同诈骗3.4133万元,数额巨大。

5. 被告人陈宝生积极参与电信诈骗,在九江市、新余市分别拨打诈骗电话1000余人次、2000余人次,共计3000余人次,情节严重。

6. 被告人郑贤聪积极参与九江市电信诈骗,拨打诈骗电话1000余人次,情节严重。

7. 被告人陈福地明知他人实施电信诈骗,提供银行卡帮助接收、转移诈骗赃款,与他人共同诈骗8.4666万元,数额巨大。

（二）主从犯的认定

《中华人民共和国刑法》第二十六条规定："在共同犯罪中起主要作用的，是主犯。"第二十七条规定："在共同犯罪中起次要或者辅助作用的，是从犯。"

1. 被告人陈文辉应认定为主犯。其组织、指挥九江市、新余市电信诈骗，主动提起犯意，选择犯罪地点，购买犯罪工具，承担犯罪成本，组织犯罪人员，指挥犯罪活动，拨打诈骗电话，决定分赃比例，获得最多赃款，实施诈骗并造成徐玉玉死亡。其在共同犯罪中起主要作用，系主犯。

2. 被告人郑金锋应认定为主犯。其组织、参与九江市、新余市、钦州市、海口市电信诈骗。在钦州市诈骗中，主动提起犯意，选择犯罪地点，购买犯罪工具，承担犯罪成本，组织犯罪人员，指挥犯罪活动，拨打诈骗电话，决定分赃比例，获得最多赃款。在九江市、新余市诈骗中，介绍、组织他人帮助陈文辉接收、转移诈骗赃款，造成徐玉玉死亡。在海口市诈骗中，全程参与，拨打诈骗电话。其在共同犯罪中起主要作用，系主犯。

3. 被告人黄进春应认定为主犯。其积极参与九江市、新余市、钦州市电信诈骗。分别与被告人陈文辉、郑金锋共谋实施犯罪；分别帮助陈、郑二人进行犯罪前期准备；积极拨打诈骗电话。其在共同犯罪中起主要作用，系主犯。

4. 被告人熊超、陈宝生、郑贤聪，在共同犯罪中，冒充教育局、房产局工作人员拨打诈骗电话，分赃比例较低，起次要作用；另外，被告人熊超在九江市电信诈骗中，帮助接收、转移诈骗赃款，起次要作用，上述三名被告人均系从犯。

5. 被告人陈福地在九江市电信诈骗中，提供银行卡，帮助接收、转移诈骗赃款，起次要作用，系从犯。

综上，被告人陈文辉、郑金锋、黄进春在共同犯罪中起主要作用，系主犯，应依照《中华人民共和国刑法》第二十六条第四款的规定处罚。被告人熊超、陈宝生、郑贤聪、陈福地在共同犯罪中，起次要作用，系从犯，应依照《中华人民共和国刑法》第二十七条第二款的规定处罚。

（三）自首的认定

《中华人民共和国刑法》第六十七条第一款规定："犯罪以后自动投案，如实供述自己的罪行的，是自首。"

最高人民法院《关于处理自首和立功具体应用法律若干问题的解释》规定："如实供述自己的罪行，是指犯罪嫌疑人自动投案后，如实交待自己的主要犯罪事实。共同犯罪案件中的犯罪嫌疑人，除如实供述自己的罪行，还应当供述所知的同案犯，主犯则应当供述所知其他同案犯的共同犯罪事实，才能认定为自首。"

1. 被告人陈文辉不构成自首。

被告人陈文辉投案后，对于九江市诈骗犯罪，未如实供述同案犯吴首耀、陈宝生、陈访及其犯罪事实，对于新余市诈骗犯罪，未如实供述同案犯黄进春、陈宝生及其犯罪事实，直到侦查机关掌握后再次对其讯问，其才做如实供述，因此，对于诈骗罪不构成自首。被告人陈文辉未如实供述侵犯公民个人信息罪的主要犯罪事实，在侦查机关掌握后再次对其讯问，其才做如实供述，因此，对于侵犯公民个人信息罪，不构成自首。

2. 被告人郑贤聪不构成自首。

被告人郑贤聪投案后，未如实供述同案犯陈访参与九江市电信诈骗犯罪，直到侦查机关掌握后，再次对其讯问，其才做如实供述，其不构成自首。

3. 被告人陈宝生自动投案，如实供述自己的罪行，构成自首，应依照《中华人民共和国刑法》第六十七条第一款的规定处罚。

（四）其他量刑情节

1. 被告人陈文辉、郑金锋、熊超、郑贤聪、陈福地实施电信诈骗，造成徐玉玉死亡，应酌情从重处罚。

2. 被告人陈文辉、郑金锋组织、指挥被告人黄进春、熊超、陈宝生、郑贤聪冒充国家机关工作人员，对不特定多数人拨打诈骗电话，骗取在校学生的财物，应酌情从重处罚。

**四、被告人陈文辉、郑金锋、黄进春、熊超、陈宝生、郑贤聪、陈福地的行为极其恶劣，后果极为严重，理应严惩**

（一）从案件本身看，被告人交叉结伙、分工明确、流窜多地、危害性大

七名被告人交叉结伙，在九江市、新余市、钦州市、海口市实施诈骗。首先，被告人陈文辉、郑金锋分别网购公民个人信息、台词剧本，租赁房屋，准备手机、手机卡等作案工具；其次，被告人黄进春、熊超、陈宝生、郑贤聪冒充教育局、房产局工作人员拨打一线诈骗电话，照本宣读发放助学金、购房补贴的台词剧本，诱骗被害人拨打二线诈骗电话领取钱款；再次，被告人陈文辉、郑金锋分别冒充财政局工作人员，接听被害人回拨的二线电话，以发放助学金、补贴款为名，千方百计诱骗被害人向特定账号转账、汇款；最后，被告人郑金锋雇佣、介绍取钱人或直接指使熊超、陈福地，提供特定账户并将账户中接收的诈骗赃款予以转移，完成犯罪。

被告人陈文辉、郑金锋等短短5个月时间内，在三个省份四个地市疯狂拨打诈骗电话2万多人次；分工协作、环环相扣，形成完整链条；不同角色扮演，引人入局，骗取钱财；专业团队接收、转移赃款，隐蔽性极强，危害性极大。

（二）从案件后果看，七名被告人损一家团圆、乱国家公信、扰社会安定，后果极其严重

18岁，应该是单纯得像花儿一样的年龄；18岁，应该是享受全新大学生活的年龄；18岁，本是有着无数种可能性的年龄，却因为一通诈骗电话，而被彻底改写，让徐玉玉从金榜题名到含恨离去，从鲜花怒放到突然凋零，从人生巅峰到生命终结。徐玉玉的父母家人、亲朋好友从捷报传来的满心欢喜到噩耗传来的悲痛难忍，从与徐玉玉的朝夕相处到只能在照片中回忆她的音容笑貌。孩子是家庭的希望，学生是国家的未来。青年兴则国家兴，青年强则国家

强，谁伤害他们，谁就在动摇国本，就在毁灭未来。

被告人陈文辉、郑金锋等冒充国家机关工作人员，以发放助学金的名义，诈骗贫困学生，造成徐玉玉死亡，其行为不仅突破了道德底线，更破坏了国家机关形象及其正常活动，扰乱社会安定，触犯刑事法律；不仅冲击社会大众心灵，引起社会各界震动，更突显电信业运营中的漏洞，冲击正常的社会管理模式。

（三）从案件影响看，本案受到社会极大关注，改变社会管理模式，影响极其深远

徐玉玉被骗致死，牵动社会大众的心，为我们敲醒警钟，更引发整个社会的思考：如何避免类似悲剧重演，如何重拳出击捍卫公众生命财产安全，成为大家共同的诉求。全国人民，特别是那些受过电信诈骗之苦的人们，更是时刻关注事态发展变化。

"人民对美好生活的向往就是我们的奋斗目标"，本案发生后，全国各有关部门迅速掀起打击电信诈骗的热潮。最高人民法院、最高人民检察院、公安部、工业和信息化部、中国人民银行、中国银行业监督管理委员会六部门发布《关于防范和打击电信网络诈骗犯罪的通告》；中国人民银行发布《关于加强支付结算管理防范电信网络新型违法犯罪有关事项的通知》；工业和信息化部发布《关于进一步防范和打击通讯信息诈骗工作的实施意见》，上述文件就电话实名、手机卡申办数量、银行汇款到账时间等方面作出明确规定。最高人民法院、最高人民检察院、公安部发布《关于办理电信网络诈骗等刑事案件适用法律若干问题的意见》，最高人民法院、最高人民检察院联合发布《关于办理侵犯公民个人信息刑事案件适用法律若干问题的解释》，对电信网络诈骗犯罪、侵犯公民个人信息犯罪的定罪量刑标准和有关法律适用问题作了全面、系统的规定。

（四）从被告人应吸取的教训看，诈骗不义之财，罪责难逃

被告人，当你们的儿女十年寒窗、金榜题名时，是否会无比的

激动、自豪？当你们接到助学金发放电话时，是否会感谢国家的好政策，帮你们解决燃眉之急？当这电话之后隐藏的骗局将你们的血汗钱骗走时，是否会无比的愤怒、悲伤？正所谓己所不欲勿施于人，你们将这谁也不能承受之痛强加于徐玉玉、强加于受骗者的身上，那你们必然要为自己的罪行付出代价，必然会被公众所唾弃，被道德所不齿，被法律所审判。正所谓害人终害己，正是你们的诈骗行为，使自己的家庭失去顶梁柱，年幼的儿女失去父亲，年迈的父母失去依靠。

今天在法庭上，我们作为公诉人指控犯罪，更重要的是通过指控犯罪来警醒和告诫，被告人的行为已经构成犯罪，希望你们能直面错误、正视所犯罪行，从中汲取教训、认罪服法、接受改造、重新做人。对那些即将或者正在从事电信诈骗犯罪的人们，天网恢恢疏而不漏，希望你们能悬崖勒马、回头是岸。

### 五、本案带给我们的启示

痛苦的经验往往是最有力的教训，而教训一旦被接受，则往往比经验本身要可贵的多。

对于社会管理层面而言，电信运营部门应进一步加强对手机卡、基站的管理；银行系统应进一步加强账户管理；助学金、住房补贴金等各类惠民资金发放部门应进一步规范发放程序，公布发放流程；各相关部门应进一步查漏补缺、建章立制、堵塞漏洞，防止利用社会管理漏洞、谋取钱财案件的发生。

对于教育部门和家长而言，应进一步加强学校基础教育，更新教学教育体系；进一步加强普法教育，提高学生的法治意识；进一步加强防骗教育，提高学生防骗意识，对骗术形成基本的辨别和应对能力；进一步加强挫折教育，提高学生对挫折的适应能力、心理免疫力。

对于学生而言，"读万卷书、行万里路"，不仅要在课堂上学习科学文化知识，更要通过各种方式认知社会、了解社会。在学习之余，走出家门、走出学校、走近社会，多参加社会实践，丰富社会经验,增强抗挫折能力,提高自我保护能力,防范受到不法侵害,避免下一个悲剧发生。

综上所述,请法庭依据被告人陈文辉、郑金锋、黄进春、熊超、陈宝生、郑贤聪、陈福地犯诈骗罪、侵犯公民个人信息罪的事实、性质、情节、对社会的危害程度及其认罪态度,依法做出公正的判决,以安慰本案受骗的高考学生,安抚徐玉玉的家人,警示潜在的诈骗犯,彰显公平正义,还受害人一个公道,还社会一朗朗乾坤。

公诉人:谭长志　胡友章　李涛　宋炎炎
2017年6月27日当庭发表

## 优秀说理检察法律文书

> 文书六　云南省临沧市临翔区人民检察院关于李俊贤、李稳益涉嫌组织考试作弊案公诉意见书

# 李俊贤、李稳益组织考试作弊案

2016年3月，被告人李俊贤、李稳益经预谋，先后与多名参加公务员考试的考生取得联系，承诺帮助考生在考试中作弊，商定在考试后收取相关费用等事宜。考试前，李稳益分别将作弊工具提供给相关多名考生，并进行了技术培训，同时要求考生签下作弊协议。开考前，李俊贤、李稳益在考点附近架设信号发射设备。经查，共有12名考生在考试中通过接收数据进行作弊。成绩公布后，李稳益收取部分考生作弊费用10万元。同年7月19日，被告人李稳益携带考生身份证复印件、准考证复印件及作弊协议在车站候车室被公安民警查获。该案系《刑法修正案（九）》将在国家考试中较为严重的组织作弊行为纳入刑法处罚范围后，云南省临沧市检察机关办理的首例组织公务员考试作弊案。该案人数较多、涉及面广、社会关注度高，造成的影响较为恶劣。为有效恢复当地公务员考试公信力，及时回应社会各界关切，临沧市检察机关高度重视案件办理工作，将该案出庭公诉工作作为2017年观摩庭接受云南省人民检察院考核，同时邀请云南省临沧市全体公诉人、驻临沧的省、市、区级人大代表、政协委员、侦查机关侦查人员观摩庭审。临沧市临翔区人民检察院公诉人依托精心制作的举证提纲、被告人关系结构图、犯罪流程示意图等材料，通过有理有据发表指控意见，清晰明了地揭示了整个犯罪过程及二被告人在犯罪中的地位和作用，有力驳斥了辩护人关于"李稳益系从犯""李俊贤不具有主观明知"等辩护意见，取得了较好的政治效果、法律效果和社会

效果。该案的成功办理，有力惩处了企图以组织考试作弊谋取不法利益的犯罪分子，有效震慑了潜在的犯罪行为，起到了"打击一件、震慑一片"的良好效果。

2017年7月10日，云南省临沧市临翔区人民检察院以被告人李俊贤、李稳益犯组织考试作弊罪向临沧市临翔区人民法院提起公诉。同年8月10日，临沧市临翔区人民法院作出判决，认定被告人李俊贤犯组织考试作弊罪，判处有期徒刑二年，并处罚金人民币三万元；被告人李稳益犯组织考试作弊罪，判处有期徒刑二年，并处罚金人民币三万元。被告人李俊贤不服，提出上诉。同年10月10日，临沧市中级人民法院二审裁定驳回上诉，维持原判。

**承办检察官：云南省临沧市临翔区人民检察院　李　智**

# 云南省临沧市临翔区人民检察院公诉意见书

被告人：李俊贤、李稳益
案由：组织考试作弊罪
起诉书号：临翔检公诉刑诉〔2017〕112号
审判长、审判员、人民陪审员：

根据《中华人民共和国刑事诉讼法》第一百八十四条、第一百九十三条、第一百九十八条和第二百零三条的规定，我受临沧市临翔区人民检察院的指派，代表本院，以国家公诉人的身份，出席法庭支持公诉，并依法对刑事诉讼实行法律监督。现对本案证据和案件情况发表如下意见，请法庭注意。

从2016年7月19日到2017年8月10日的今天，从罗平火车站一份份考试作弊协议书被查获这个案件浮出水面开始，从侦查、审查起诉阶段直至今天的庭审，被指控的二名被告人组织考试作弊的证据在法庭上得以清晰地呈现。

## 一、被告人李俊贤、李稳益构成组织考试作弊罪，本案犯罪事实清楚，证据确实、充分

（一）本案犯罪事实清楚，证据确实、充分

根据法庭调查，针对起诉书的指控，公诉人向法庭出示了全案证据，全案文书卷1册，证据卷5册，补充侦查证据卷2册，共8册。针对起诉书的指控，公诉人向法庭列举出示了全案证据，全案证据来源合法，内容客观真实，充分证明被告人李俊贤、李稳益组

织考生在 2016 年云南省公务员考试中进行作弊，积极为考生提供作弊器材，架设作弊设备进行作弊的犯罪事实。虽然在侦查阶段到审查起诉阶以及今天的庭审中，被告人李俊贤供述反复（翻供→部分供述但避重就轻），但结合全案各证据能够相互印证，形成证据锁链，充分证明本院起诉书指控被告人李俊贤、李稳益的行为符合组织考试作弊罪的犯罪构成要件。综上，本案犯罪事实清楚，证据确实、充分。

（二）被告人李俊贤、李稳益的行为构成组织考试作弊罪

组织考试作弊罪是指在法律规定的国家考试中组织作弊的行为。被告人李稳益、李俊贤在犯罪主体上具备刑事责任能力，达到刑事责任年龄，符合组织考试作弊罪的主体要件。

在主观方面是故意，即二名被告人主观上为了获取不法利益，明知自己组织考生进行作弊的行为会损害国家考试管理秩序和他人公平参与考试的权利，二名被告人在主观上是希望或放任这种危害结果的发生。

客观方面二名被告人实施了在法律规定的国家考试中组织作弊的行为，即：联系考生商议作弊→安排考点发放工具→教授方法写下协议→多处踩点架设设备→考生作弊收取费用，上述一系列行为证明二名被告人精心准备并实施组织、策划、安排考生作弊的犯罪行为。

从结果上看，12 名考生桂某、陈某、高某维、孙某、张某英、张某良、卢某、查某梅、杨某花、杨某华、罗某军、方某礼在考试中通过用被告人提供的作弊器材接收答案的方式进行了作弊。现上述作弊考生被云南省公务员局一律取消考试资格，且被记入公务员考试诚信记录，显然二被告人组织考生作弊的行为，严重扰乱了国家考试组织管理秩序，严重侵犯了我国刑法对考生公平参与考试权利的法益保护。

综上，被告人李俊贤、李稳益构成组织考试作弊罪。

（三）被告人李俊贤、李稳益系共同故意犯罪

在犯罪中，被告人李俊贤、李稳益互相商议、分工负责、积极

作为，他们共同作为犯罪行为者、策划者、直接参与者，系共同故意犯罪，在犯罪中地位、作用相当，根据《中华人民共和国刑法》第二十五条的规定，被告人李俊贤、李稳益是共同故意犯罪，应共同承担刑事责任。

## 二、本案的量刑建议

根据《中华人民共和国刑法》第二百八十四条之一第一款之规定，在法律规定的国家考试中，组织作弊的，处三年以下有期徒刑或者拘役，并处或者单处罚金；情节严重的，处三年以上七年以下有期徒刑，并处罚金。建议分别判处被告人李俊贤、李稳益有期徒刑二年至三年，并处罚金。

## 三、本案的社会危害和警示意义

审判长、审判员、人民陪审员、在座的各位，刑法的目的在于，使良善的人公正运用法律，犯罪的人得到应有的惩罚，被害之人得到合理补偿。2015年11月《刑法修正案（九）》正式实施，对组织考试作弊罪明确予以刑法规制，该罪名被列入刑法分则妨害社会管理秩序罪一章中，目的在于维护考试的公平公正、彰显法律威严，对行为人起到威慑作用。《中华人民共和国公务员法》明确规定录用公务员应采取公开考试、严格考察、平等竞争、择优录取的办法，公务员考试"逢进必考"的初衷就是选贤与能，优化纯洁公务员队伍。

我们寒窗苦读，从小学、中学、大学接受国家教育，希望通过考试这样一个公平竞争途径进入公务员队伍，在工作中实现自己的人生价值。然而，被告人抓住考生极力想要捧住公务员职业这个他们心中的"铁饭碗"心理，以致促成考生们不计成本、甚至铤而走险作弊直至败露。

试想，当作弊考生们通过非法手段一旦混入公务员队伍，在今后的工作中又岂能遵纪守法、为民办事？这个鲜活的案件今天发生在我们身边、呈现在我们眼前，他们输掉的不仅仅是一场考试，而是自己的人生信誉。

被告人李俊贤，曾经是一名小学教师，更是一名共产党员，经过严格考试进入公务员队伍的你，是否会在意苦读的学子们因为你和你父亲的犯罪行为破坏了他们公平参与竞争的机会，是否会想起你在党旗下的誓言?!

被告人李稳益，古语有云"养不教，父之过"，你可曾记得你如何将你的儿子李俊贤抚养成人?!他如何成为一名你曾经骄傲的国家公务员?!今天，坐在法庭上的父子二人，漠视法律的权威，在金钱的贪欲下，亲手将自己和自己最亲的人推上了被告席。

公诉人今天告诉大家的是，组织考试作弊罪入刑，更多的意义是在于我们利用法律的威慑力努力营造风清气正的选人用人环境。实现这样的理想和目标，就是要给予每个人实现过程和结果公平的机会，当作弊者没有与他人付出同样艰辛的努力甚至没有付出任何努力而通过不正当手段进入公务员队伍，原本不具有考试准入资格的人挤占掉本属于他人的机会，势必造成对国家干部队伍纯洁性的损害！势必是对社会公众孜孜以求理想和目标的践踏！势必是对社会公平正义的破坏！

今天，我们在法庭上用事实和证据揭露被告人李俊贤、李稳益的犯罪事实，希望二被告人能够真正从心灵上反思和警醒！

"正义不仅应当实现，而且要以人们看得见的方式实现。"今天，我们用事实和证据证明"让人民群众在每一个司法案件中感受到公平正义"是我们检察机关的不竭使命！

综上，请法庭根据被告人李俊贤、李稳益实施犯罪行为的事实、情节、性质，对社会的危害程度以及被告人的认罪悔罪表现，依法作出公正的判决。

公诉人：李智<br>2017 年 8 月 10 日当庭发表

# 湖南省邵阳市人民检察院
# 公诉意见书

被告人：徐国才

案由：受贿罪

起诉书号：邵检诉二刑诉〔2016〕8号

审判长、审判员、各位旁听公民：

今天我们在这里依法公开开庭审理中石油湖南销售分公司原总经理徐国才受贿一案，根据《中华人民共和国刑事诉讼法》第一百八十四条、第一百九十三条和第二百零三条的规定，我们受邵阳市人民检察院指派，代表本院，以国家公诉人的身份出席法庭，支持公诉，并依法履行法律监督职责。在上午以及刚才进行的法庭调查过程中，公诉人通过讯问被告人徐国才，通过向法庭出示、宣读了大量的证据，证实了本院的指控：被告人徐国才身为国家工作人员，利用职务之便，为请托人谋取利益，收取请托人财物的犯罪事实。同时，我们也认真听取了被告人徐国才的辩解意见以及被告人徐国才所委托的辩护人的辩护意见，并且予以了充分回应。和本案的所有诉讼阶段一样，我们切实保证了被告人的合法权益。为使法庭对本院的指控意见有一个更为清晰的、客观的把握，以利于对被告人准确适用法律并作出判决，我们现发表以下公诉意见，请合议庭充分考虑：

**一、本院起诉书指控被告人徐国才受贿，事实清楚，证据确实充分**

首先，公诉人当庭出示并宣读了大量的证据，证实了被告人徐国才具有国家工作人员的身份和职权,具备承担相关刑事责任的主体要件。上述事实,通过举证、质证,已经清晰明确,并且被告人及其辩护人当庭没有提出异议。

其次,我们出示并宣读了大量证据,证实了被告人徐国才利用国家工作人员的职权,为请托人谋取利益。对于这一部分事实和证据,辩护人和被告人提出部分异议,但是异议不大。总的来讲,就是被告人徐国才在当庭供述和举证、质证过程中,刻意对自己利用职权这一事实辩解为是按照正当程序办理,或者是说没有施加其他影响,其隐含的信息无非是:利用职权为请托人谋利在其中的体现并不明显。但是,大量证据清晰地反映了其利用职权的整体脉络,我们不妨将已经出示的证据中的相关细节向大家展示一下:时任某石油管理局电力总公司副总工程师李某某供称,徐国才向他打招呼,让他看看请托人李某强哪些技术和产品是电力总公司可以采用的,"能用就用"。可见,徐国才轻描淡写辩解称是按照程序办事,而事实却是处处为请托人考虑,专门为李某强进行"量身打造"。

我们再看,时任中石油某省销售分公司后勤办主办蔡某某的证言,他证实:在招投标过程中间,徐国才一直在为李某强的租赁业务打招呼,于是,就将竞标的底价报给了李某强。徐国才对公司职员履职过程中所施加影响是何等之强烈,由此可见一斑。当然,有人会说,这仅仅是被告人徐国才所在单位的相关人员自身的感受,但恰恰是从这些人的切身感受当中能够清晰体现出,作为一个公司的总经理,在公司业务活动中对其下属的影响是怎样的强烈,他更应当谨言慎行,他所说、所做并非是轻描淡写的"按照程序办事"。此后,徐国才又向不具备相关开设资质的人员,以8500万元的价格收购他们的四个加油站,该事实更加能够看出,谋利行为之明显,职权因素之突出,甚至是超出正常履职的范围,并非像被告人徐国才当庭所供述的"只是按程序办事"。

第三,公诉人向法庭提交、出示和宣读了大量的证据,证实了被告人徐国才收受请托人财物这一事实。针对这一部分事实,被告人及其辩护人有所质疑,总体表现为三种情形:第一种,不持异议。我们注意到有的事实辩方是不持异议的，就此恳请合议庭对该部分的事实和证据予以确认。第二种，对相关事实予以否认，也就是否认存在收受贿赂的事实。否认的理由无非是说供述证言相互矛盾，不能印证，辩解意见足以冲击我们原来的证据体系，或者提出没有相应的银行凭证来证实行受贿事实客观存在。在我们司法实践当中遇到的大部分行受贿案件都没有相应的银行凭证来证实行受贿资金的往来，这是因为在反腐败的高压态势之下，行受贿案件越来越隐秘，相关人员越来越注意对自己的行受贿事实加以掩盖，所以提出没有相关客观书证以反驳公诉人的指控事实，于理不合于法无据。对于证据相互矛盾没有印证的质证意见，我们重申在质证中的答辩意见：供证一致，相互印证，没有不能排除或无法合理解释的矛盾，可以证明收受财物的事实。第三种，辩护人的辩护意见以及被告人的辩解意见，对于已经收受这一部分附加了一个新的事实，即收了以后又退还了。但是，被告人以及辩护人今天没有提供确实的证据来证明这附加的事实真实存在，反倒是公诉人已经出示并宣读了大量的证据，证明了这个案件当中没有退还的事实。应当说明的是，我们在法庭举证的倒数第二个环节，向法庭出示了相关证据，证明李某强曾经在侦查机关对其进行讯问的过程中，明确表达了自己和祁某举有合作炒股的事实。请注意，这实际上是对被告人有利的事实和证据，这也是客观反映了检察机关在侦查过程中，不仅注重收集了被告人有罪的证据，同时还注重收集对被告人有利的，证明被告人无罪或者罪轻的证据。这份证据从某些方面反映出我们查获的部分银行书证，证实部分行受贿方的资金往来并非是受贿，在案件审查过程中，我们也给予了客观认定。但这并不能否认，本院起诉指控的受贿犯罪事实系行受贿双方在事实、细节方面供证一致，属于印证证实的事实。正如我们刚才在质证意见中所发表的那样，当某一个事实真实地发生后，两个不同的人才能够对事实作出清晰准确，细节相互印证一致的描述。如果这个事实没有发生过，必然在叙述事实的细节和相应情节上会存在不一致。为了使合议庭厘清事实、准确定性，我们还需要强调以下几点：

第一点，证实财物给付过程的证据确实充分。一方面，行贿人李某强等人所证实给付的时间、地点、方式、金额、对应人员以及谋利的因果性等事实要素，实质上与被告人徐国才及其妻子张某琴、女婿祁某举等人的供述或者证词是相互印证一致的；另一方面，以银行转账、汇款等方式给付财物的均有转账的凭条、汇款凭证、银行卡交易明细等客观书证予以佐证，对于供述说通过银行转账的，但是没有查证有银行相应书证的，本院也没有作为起诉事实列于起诉书当中。同时，我们对于以现金方式进行交易的犯罪事实，也相应地查证了资金的来源，即行贿人向被告人徐国才行贿，是有相应的资金为依托和保障的，银行凭证属于此类印证证据，与供述证言相结合，共同证明行受贿事实，不能单独、孤立地看待银行凭证，更不能简单将银行凭证上的金额与认定的受贿金额划等号，以金额不符来否定案件事实，甚至是得出没有银行凭证就没有受贿事实的结论。如果这样认定，明显是虚设了一个前提：行贿资金均出自银行或者出自银行的资金均用于行贿。这个逻辑无需分析，不攻自破。因此，公诉人认为证实所有财物给付的事实，证据确实、充分。

第二点，证实财物给付对象是被告人徐国才的证据确实充分。一是证据清楚表明了财物给付人都是请托人，都是徐国才利用自己的职权为其谋取利益的相关人员。二是证据已经清楚表明了财物给付者给付财物时直接告诉徐国才或者通过他人转达给了徐国才，甚至还有一些原本就是徐国才联络下才予以实施的。三是有些财物虽然不是徐国才亲自收受，但是依据徐国才给付之前的沟通过程，或者财物给付之后的处置过程，都能清晰地表明财物是针对徐国才的。证据显示，当徐国才和李某强、李某尧之间进行行受贿合议的沟通过程中，两者开始所表示的意思并不一致，但是随着时间的推移，他们达成了某种默契。徐国才对其家人露骨地表达：你不要太相信他，但是如果他给钱，还是可以收的。这足以反映出，他们之间的行受贿合议经历了从不信任逐步到信任，最终发展到索取的完整过程,而这一切交换的对象都是徐国才,都是徐国才手中的权力。

第三点,证实财物是被收受的而非借用或者合作经营的证据确实充分。我们注意到,被告人及其被告人的辩护人在质证过程中间,详细提到了有一部分行贿款是一种借用关系,是借用来共同炒股的关系,我们已列举了相关证据予以了反驳。首先,相关的行贿人已经证实了这些财物就是行贿,而不是合作炒股。其次,直接收受的祁某举曾经对这些钱是共同炒股的还是借用的有一个详细的交待,我们不妨仔细观察一下:在500万受贿事实当中,祁某举交待,是其急需购买资产包向徐国才提出想要李某强帮忙。徐国才遂向李某强提出邀约,于是,李某强"痛快"地要祁某举给一个账号用来付款。之后,祁某举并没有用李某强给予的500万元购买资产包,还向徐国才询问,这笔钱还需要还吗?如此充分暴露了祁某举是基于何种心态问李某强索要这500万。如果说祁某举真的是向李某强借这500万,那么何须向徐国才询问这500万还需要还吗?祁某举、徐国才、张某琴以及李某强几人的供述共同证实了这笔财富就是送给徐国才的。因此,借钱用于共同炒股的辩解、辩护意见,与事实、证据不符。

据此,本院的起诉书所指控的被告人徐国才利用国家工作人员的身份为请托人谋取利益,收受请托人财物的事实清楚,证据确实充分。

## 二、被告人徐国才的行为构成受贿罪

在本案今天的庭审过程中,被告人徐国才及其辩护人对全案的定性都没有提出异议,但是,他们对部分受贿事实是否以受贿性质来认定提出了异议。事实上,也就是对部分事实是否是受贿提出了异议,其所提出的异议立足于两点:第一点,徐国才实际上对相关的资金往来并不知晓;第二点,提出对相关资金往来确实有收受,但这属于一种人情往来而不是一种受贿性质。那么,针对以上两点我想强调以下几个方面:

其一，当今受贿犯罪发展到了一个新的形式，改变了过去那种"一手交钱一手交货"的方式。行受贿双方人员并不会简单地一对一，而且行受贿手段愈加隐秘之时，相关的国家工作人员的配偶等亲属参与其中已经成为现在行受贿案件普遍多发的一种现象。本案就是这样一种情形。显然最高司法机关也已经对如何认定新型的行受贿作出了规定，比如：明确规定了，国家工作人员和特定关系人共谋，或者将财物处分给特定关系人，或者共同占有财物的，均构成受贿。本案中，徐国才构成受贿的重要前提，就是其与李某强以及其他行贿人行受贿合议是在送钱以前就已经达成了，无论这笔资金是交给了徐国才的哪一位特定关系人，都是在合议范围内，都是行受贿关系的延伸。例如，2007年春节，李某强邀请徐国才及其家人去海南看了一块地，许诺在该地开发的过程中分取一半的利润给徐国才。由此进一步发展到，徐国才邀请李某强到海口别墅喝茶，暗示或者提示李某强给予其女婿祁某举财物。这一过程足以反映祁某举获得这笔资金不是凭个人的能力，也不是凭个人有如何高超的经营水平，恰恰是徐国才的暗示授意之下，利用自己的职权为请托人谋利所获取的对价。因此，徐国才虽然对祁某举、张某琴收受财物的具体时间、金额等细节不知情，但由于是按照之前形成的行受贿合议进行的，均不影响受贿认定。这就回答了为什么徐国才对他人收受的钱虽"不知道""不清楚的知道这个钱具体是什么时候给的""给了多少"，但仍然要认定构成受贿罪。

其二，徐国才及其辩护人当庭对一些金额不大的受贿事实，认为是一种人情往来。这几笔事实包括了行贿金额最大的李某强，也包括了曾经有过交往的刘某等其他人。我们从徐国才和李某强的交往过程中可以发现，如果说徐国才和李某强之间是建立"友谊"，那么我们不妨看看他们对彼此的评价。2007年，李徐开始交往，徐国才对李某强的评价是：这个人不靠谱，他讲的话太有水分。而李某强对徐国才一家的评价是：这一家人太黑。请问这是一种友情关系吗？他们之间的金钱往来是因为友情吗？更何况，明显超出了人情往来的标准、范畴。如：2012年徐国才60岁生日的时候，李某强送给了徐国才20万。而张某琴对这一事实是这样说的：刘某自己送了一万或者几千块钱的红包，代李某强将20万送给徐国才。那么，我们怎样评价李某强和刘某这样的差距呢？一笔是一万或者几千元，一笔是20万元，两者都是人情往来吗？显然不是。其后，刘某又赠送给徐国才一部价值14.6万元的汽车，与之前其所送的一万或者几千元的红包相比，这一笔也是人情往来吗？显然不是。这明显超过了人情往来的范围，而且行贿人已经清晰地表达了是为什么送钱。所以，两者之间的行受贿关系清楚明了。

综合全案的事实和性质，我们不难得出徐国才所有的行为是基于在其与行贿人达成行受贿合议范围内的一种延伸，由他人代为收受，亦构成受贿罪。因此，本案应当以受贿罪对徐国才追究其刑事责任。

### 三、被告人徐国才受贿行为的社会危害性及应当承担的法律责任

石油作为一种战略储备物资，是国家发展的命脉。在这样一个关系到国计民生的重大领域，国家实行严格的管制制度的情况下，被告人徐国才却慷国家之慨，利用掌握相应资源的这种权力行贿、受贿。特别是本案证据反映出动辄收受几百万元，动辄获利上千万元，动辄有上亿元的资金投入。由此可见，这一领域如果存在腐败现象，对社会的危害是极大的，因此，我们应当对这种存在于石油领域的行受贿行为给予严厉的打击。同时，我们应注意到徐国才利用职权，当然存在按程序办事的相关内容，但同时也有违规之处，之前的公诉意见已作出说明，请合议庭充分考虑这些因素。同时，我们需要强调的是被告人徐国才在当庭所作的供述和在侦查机关所作的有罪供述实质上有大相径庭之处，请合议庭在对被告人徐国才量刑的过程中综合予以考虑。

腐败正在侵蚀着我们国家肌体、国家机构，甚至是我们的国家形象。此时此刻，我们更应当对腐败采取零容忍的态度，坚决予以

打击。检察机关将切实担负起自身反腐职责，严格依法查处腐败，对腐败现象坚决一查到底，以体现党和国家夺取反腐败最终胜利的信心和能力。

公诉人：梁驭骁　唐杰　周泽州

2016年7月6日当庭发表

## 文书八　山东省人民检察院关于于欢故意伤害上诉案出庭检察员意见书

# 于欢故意伤害案

山东于欢案是广受社会各界关注的案件。2016年4月，吴某占等人催债女企业家苏某霞，多次骚扰苏某霞并对其进行辱骂、殴打。苏某霞的儿子于欢不忍目睹母亲受辱，用单刃水果刀捅伤杜某浩等四名催债人员，导致杜某浩死亡，另外两人重伤，一人轻伤。2017年2月17日，山东省聊城市中级人民法院以犯故意伤害罪判处于欢无期徒刑，宣判后于欢及附带民事诉讼原告人不服，提出上诉。

2017年3月，新闻媒体开始对此案广泛报道，媒体及社会公众就高利贷追讨事件中的辱母细节与判决结果展开热议，舆论热度持续强势攀升，舆情迅速蔓延，网络点击、转发数量超过八亿，成为"现象级案件"。最高人民检察院第一时间作出重要指示，派出工作组赴山东开展调查工作。山东省人民检察院收到山东省高级法院的阅卷通知后，在高检院的领导下迅速开展了相关工作，审查一审判决书、上诉状及全部案卷材料，针对社会关注的重点问题，进一步详细梳理相应证据情况，对舆论关注热点进行分类研究，围绕一审认定事实与法律适用全面、细致地开展了复核、取证工作。二审期间，山东省检察院不仅查漏补缺，完善了一审证据体系，而且依法对一审起诉、判决的不当认定进行了纠正，并通过二审公开庭审的方式，申请当事人苏某霞出庭作证，苏某霞当庭对于案发情况尤其是侮辱事实的叙述，有力回应舆论误传的猥亵情节，对查明案件事实真相，回应社会民众关切，发挥了积极作用和良好效果。

2017年6月23日,山东省高级人民法院作出二审判决,全部采纳了检察机关的意见,认定于欢属防卫过当,构成故意伤害罪,改判有期徒刑五年。于欢案件的成功办理体现了检察机关维护公平正义、依法主持公正的鲜明态度,使这一备受舆论和公众关注的案件成为全民共享的"法治教育课"。

      承办检察官:山东省人民检察院 郭  琳
                        扈小刚
                        李文杰

# 山东省人民检察院
# 上诉案件出庭检察员意见书

提起公诉机关：聊城市人民检察院
起诉书号：聊检公二刑诉〔2016〕32号
一审法院：聊城市中级人民法院
判决书号：〔2016〕鲁15刑初33号
上诉人：于欢
案由：故意伤害罪
审判长、审判员：

根据《中华人民共和国刑事诉讼法》第二百二十四条的规定，我们受山东省人民检察院指派，代表本院，出席今天山东省高级人民法院公开开庭审理的上诉人于欢故意伤害案二审法庭，依法履行职务。

本案备受社会关注，最高人民检察院高度重视，专门派出工作组，通过实地查看现场、复核主要证据、审查关联事实等方式，对本案做了深入调查核实，并广泛听取了专家学者的意见。收到山东省高级人民法院的阅卷通知书后，在最高人民检察院的指导下，我们依照法律规定，审查了一审判决书、上诉人的上诉状及全部案卷材料，围绕一审认定事实与法律适用全面、细致地开展了复核、取证工作：一是查看、测量了案发现场；二是讯问了上诉人于欢；三是复核了苏某霞、马某栋、于某荣、张某平、张某博和郭某刚、严某军、程某贺等主要证人、被害人；四是调取了侦查实验笔录、办案说明、通话记录、报警记录、鉴定人资格证书等；五是向技术人员、法医咨询了案件中相关专业问题。在刚才的法庭调查中，检察员当庭询问了证人苏某霞、杜某岗,对一审证据进行了详细说明,宣读、出示了检察员调取的新证据并进行了质证,听取了上诉人的辩解及辩护人的辩护意见、被害人及诉讼代理人的意见。经审查查明,本案由违法逼债引发,是一起具有防卫性质的伤害案件,一审判决认定事实不全面、适用法律确有错误。现检察员将用证据还原事实的真相,依照法律对于欢的行为进行客观、公正的评判。

**一、一审公诉、判决,对案件事实的引发原因、激化过程,尤其是杜某浩等人不法侵害的事实认定不全面**

经全面审查,本案事实如下:

(一)案件的起因——高息借款、无力偿还

2014年7月28日,山东某大工贸有限公司(以下简称某大公司)负责人苏某霞与其夫于某明,为解决某大公司资金困难,向冠县某房地产公司负责人吴某占、会计赵某荣借款100万元,双方口头约定月息10%。2015年11月1日,苏某霞、于某明再次向吴某占、赵某荣借款35万元,其中10万元双方仍口头约定月息10%;另外25万元双方以二手房买卖合同形式,用苏某霞、于某明所有并居住的房屋一套作担保。截至2016年1月6日,苏某霞、于某明向赵某荣银行账户转账还款共计183.8万元。

(二)案件的发展——违法逼债、引发纠纷

2016年4月1日,吴某占、赵某荣以苏某霞、于某明未及时还款为由,强占了苏某霞、于某明的房屋;4月13日,吴某占、赵某荣纠集人员搬走房屋内家具,吴某占还在苏某霞家中将其头部按入马桶,派人盯梢并到其公司叫骂滋扰。在上述违法逼债期间,苏某霞多次拨打110报警电话、聊城市长热线12345寻求保护。

2016年4月14日16时许,赵某荣纠集郭某刚、郭某林、苗某松、张某博、李某、程某贺、么某行、严某军、张某森陆续赶到苏某霞公司,以盯守、限制离开、不时叫骂、扰乱公司秩序的方式向苏某霞索债,后赵某荣先行离开。18时许讨债人员在公司办公楼门厅前烧烤、饮酒，19时许，苏某霞、于欢被允许到公司食堂吃饭，期间么某行、苗某松等人轮流盯守，苗某松先行离开，之后杜某浩、杜某岗驾车赶到。20时48分许，郭某刚要求苏某霞、于欢返回公司办公楼，公司员工马某栋、张某平陪同进入一楼接待室。

（三）案件的激化——不法侵害、报警处警

21时53分起，杜某浩、张某博、李某、程某贺、么某行、严某军、张某森、杜某岗8人相继进入接待室继续向苏某霞逼债，并先将苏某霞、于欢的手机收走。随后，杜某浩将烟头弹至苏某霞身上，辱骂苏某霞，褪下裤子暴露下体左右晃动，最近时距离苏某霞约30公分。后杜某浩又向于欢发出"啧啧"唤狗声音进行侮辱，以不还钱还穿耐克鞋为由扒下于欢一只鞋子让苏某霞闻，苏某霞挡开后，杜某浩又扒下于欢另一只鞋子扔掉。杜某浩继而扇拍于欢面颊，杜某浩及其同伙揪抓于欢头发、按压于欢不准起身。期间，杜某浩还以苏某霞、于欢本人及其姐姐为对象进行辱骂，内容污秽。22时01分许马某栋走出接待室，告诉室外的公司员工刘某昌报警，22时07分许刘某昌拨打110电话报警。

22时17分许，民警朱某明带领辅警宋某冉、郭某志到达某大公司处警。在接待室内，杜某浩等人声称无人报警只是索要欠款，苏某霞、于欢向民警指认杜某浩等人有殴打行为，杜某浩等人不予承认，民警朱某明现场警告"要账归要账，不能打架""打架就不是欠钱的事了"。22时22分许，三名警员走出接待室，于欢、苏某霞欲跟随出去被杜某浩等人阻拦。朱某明随后给民警徐某印打电话通报警情，并安排宋某冉、郭某志"给他们说说不要动手"。

（四）案件的发生——于欢捅刺、一死三伤

处警民警离开接待室后，于欢、苏某霞打算离开继续受阻，杜某浩强迫于欢坐下，于欢不肯，杜某浩等人遂采用推搡、勒颈等强制手段把于欢逼至接待室东南角。22时25分许，于欢拿起身旁办公桌上公司日常削水果所用的一把单刃刀，朝杜某浩等人挥舞并大喊"别过来"，杜某浩边骂边靠近于欢，于欢先后向杜某浩、程某贺各捅刺一刀，随后又朝围住他的严某军、郭某刚各捅刺一刀。民警听到响动迅速赶回接待室将于欢控制。受伤的杜某浩、程某贺、郭某刚、严某军被杜某岗、李某、郭某林等人驾车送往冠县人民医院救治，次日凌晨杜某浩因抢救无效死亡。

经法医鉴定，杜某浩被捅刺上腹部一刀，造成肝固有动脉裂伤及肝右叶创伤导致失血性休克死亡；严某军被捅刺左腹部一刀，造成小肠距屈氏韧带100cm处贯通伤，有肠内容物溢出，伤情构成重伤二级；郭某刚被捅刺右背部一刀，致血气胸伴肺萎陷、失血性休克等，伤情构成重伤二级；程某贺被捅刺左胸部一刀，存在左侧腹腔积血，伤情构成轻伤二级。

综上，一审公诉、判决对案件事实认定不全面：一是没有认定苏某霞、于某明向吴某占、赵某荣高息借款共计135万元；二是没有认定2016年4月1日、4月13日吴某占、赵某荣纠集人员违法逼债；三是没有认定2016年4月14日下午赵某荣等人以盯守、限制离开、扰乱公司秩序等方式向苏某霞索债；四是没有认定2016年4月14日晚，杜某浩等人实施的强收手机、弹烟头、辱骂、暴露下体、脱鞋捂嘴、扇拍于欢面颊、揪抓头发、限制苏某霞和于欢人身自由等具体不法侵害的事实。

## 二、一审公诉、判决认定于欢持尖刀捅刺被害人不具有正当防卫意义的不法侵害前提，未认定防卫性质，属于适用法律确有错误

正当防卫是法律赋予公民的一项权利，任何公民在面对国家、公共利益、本人或他人的人身、财产和其他权利遭受正在进行的不法侵害时，均有权对不法侵害者采取必要的行动。因而正当防卫是针对不法侵害行为实施的合法行为，它不仅没有社会危害性，反而对社会有益，并受到法律的保护、支持和鼓励。但是，正当防卫以不能明显超过必要限度为条件，除符合法定情形之外，不得无限制行使，否则即为法律所不允许的滥用行为，应当承担相应的刑事责任。我国《刑法》第二十条第一款规定，"为了使国家、公共利

益、本人或他人的人身、财产和其他权利免受正在进行的不法侵害，而采取的制止不法侵害的行为，对不法侵害人造成损害的，属于正当防卫，不负刑事责任"；第二款规定，"正当防卫明显超过必要限度造成重大损害的，应当负刑事责任，但应当减轻或者免除处罚"。本案中，于欢的行为具有防卫的性质，但明显超过必要限度造成重大损害，符合刑法第二十条第二款的规定，构成防卫过当，理由如下：

第一，从防卫意图看，于欢的捅刺行为是为了保护本人及其母亲合法的权益而实施的。为了保护合法的权益，这是正当防卫的目的性条件。合法的权益，并不限于生命健康，还包括人身自由、人格尊严等其他合法权益。本案中，于欢在认识到自己和母亲的人身自由、人格尊严受到严重不法侵害、人身安全受到严重威胁的情况下，持刀捅刺杜某浩等人的行为，正是为了保护自己和母亲的人身自由、人格尊严、人身安全等合法权益免受不法侵害而实施的。聊城市中级法院一审判决书认为，"对方均未有人使用工具、派出所已经出警、其生命健康权被侵犯的现实危险性较小"，这一法律评价只关注到生命健康权，却忽视了对于欢及其母亲人身自由、人格尊严等合法权益的保护，是对正当防卫保护对象的错误理解。

第二，从防卫起因看，本案存在持续性、复合性、严重性的现实不法侵害。针对不法侵害行为才能实施防卫，这是正当防卫的前提条件。这里的不法侵害，既可以是犯罪行为，也可以是一般违法行为，包括对非法拘禁，公民可以进行防卫。本案中，杜某浩等人并不是苏某霞高利贷借款的直接债权人，而是被赵某荣纠集前去违法讨债。对讨债一方的不法侵害行为，必须整体把握。在案证据证实，讨债方存在持续进行的严重不法侵害行为，按时间顺序可分三个阶段：一是2016年4月1日赵某荣等人非法侵入于欢家住宅、4月13日擅自将于欢住宅家电等物品搬运至某大公司堆放，吴某占将苏某霞头部强行按入马桶；二是2016年4月14日下午至当晚民警处警，讨债方采取盯守、围困等行为限制剥夺于欢、苏某霞人身自由，实施辱骂、脱裤暴露下体在苏某霞面前摆动侮辱等严重侵害于欢、苏某霞人格尊严的行为，采用扇拍于欢面颊、揪抓于欢头发、按压于欢不准起身等行为侵害于欢人身权利，收走于欢、苏某霞的手机，阻断其与外界的联系，在某大公司办公楼门厅前烧烤饮酒扰乱企业生产秩序；三是从处警民警离开接待室至于欢持刀捅刺之前，讨债方持续阻止于欢、苏某霞离开接待室，强迫于欢坐下，并将于欢推搡至接待室东南角。这三个阶段的多种不法侵害行为，具有持续性且不断升级，已经涉嫌非法拘禁犯罪和对人身的持续侵害。面对这些严重的不法侵害行为，于欢为了予以制止，反击围在其身边正在实施不法侵害的加害人，完全具有防卫的前提。聊城市检察院起诉书没有认定防卫起因，聊城市中级法院的一审判决书认为"不存在正当防卫意义的不法侵害前提"，是错误的。

　　第三，从防卫时间看，于欢的行为是针对正在进行的不法侵害实施的。防卫适时，是正当防卫的时间性条件。本案中，处警民警离开接待室是案件的转折点。民警处警本应使事态缓和，不法侵害得到有效制止。但在案证据证实，杜某浩一方对于欢的不法侵害行为，没有因为民警处警被控制和停止，相反又进一步升级。在苏某霞、于欢急于随民警离开接待室时，杜某浩一方为不让于欢离开，对于欢又实施了勒脖子、按肩膀等强制行为，并将于欢强制推搡到接待室的东南角，使于欢处于更加孤立无援的状态。于欢持刀捅刺杜某浩等人时，不法侵害的现实危险性不仅存在，而且不断累积升高，于欢面对的境况更加危险。如果他不持刀制止杜某浩一方的不法侵害，他遭受的侵害行为将会更加严重。于欢在持刀发出警告无效后，捅刺了围在其身边的人。一审判决认定"不存在防卫的紧迫性"，显然是对矛盾激化的原因作出了错误的判断，这也是在认定事实不全面情况下得出的错误认定。

　　第四，从防卫对象看，于欢是针对不法侵害人本人进行的反击。针对不法侵害人本人实施防卫行为，这是正当防卫的对象性条件。这里的不法侵害人本人，是指不法侵害的实施者和共犯。本案中，于欢持刀捅刺的对象，包括了杜某浩、程某贺、严某军、郭某刚四人。在案证据证实，这四人均属于参与违法讨债、涉嫌非法拘禁犯罪的共同行为人，杜某浩还在非法拘禁过程中实施了污秽语言辱骂和暴露阴部、扇拍于欢面部等严重侮辱行为。虽然目前没有证据证实严某军、郭某刚、程某贺三人对于欢母子有言语侮辱和暴力殴打行为，但他们围挡在于欢身边且在杜某浩被捅刺后仍然没有走开，同样限制了于欢的人身自由，于欢为制止不法侵害而捅刺的四人，均是不法侵害人。

第五，从防卫结果看，明显超过必要限度，造成重大损害。不能明显超过必要限度造成重大损害，这是正当防卫的适度性条件，也是区分防卫适当与防卫过当的标准。衡量必要限度时必须结合不法侵害的行为性质、行为强度和可能造成的危害后果等进行综合考量。本案中，于欢的行为具有防卫的性质，采取的反制行为明显超出必要限度且造成了伤亡后果，应当认定为防卫过当。首先，于欢不具备特殊防卫的前提条件。刑法第二十条第三款规定的特殊防卫，其适用前提是防卫人针对严重危及人身安全的暴力犯罪的加害人而实施防卫行为。本案中，虽然于欢母子的人身自由权遭受限制乃至剥夺、人格尊严权遭受言行侮辱侵犯、身体健康权遭受轻微暴力侵犯，但直至民警处警后均未遭遇任何严重危及人身安全的暴力侵害，因而不具有实施特殊防卫的前提。其次，本案属于违法逼债激发的防卫案件。本案中，杜某浩等人的目的就是把钱要回，手段相对克制，没有暴力殴打于欢母子的意思和行为；讨债一方（李某）对杜某浩脱裤暴露下体的行为给予了制止；当于欢捅刺杜某浩、程某贺后，严某军、郭某刚、么某行等人围站在于欢身边，也没有明显的暴力攻击。最后，防卫行为与不法侵害相比明显不相适应。本案中，于欢为了制止不法侵害、摆脱困境，使用致命性工具刺向加害人，造成一死、二重伤、一轻伤的后果，其行为结果明显属于"重大损害"。从不法侵害行为看，虽然加害人人数众多但未使用工具，未进行严重暴力攻击，于欢身上伤情甚至未达到轻微伤程度；从防卫紧迫性看，处警民警已到场，虽然离开接待室，但仍在某大公司院内寻找报警人、了解情况，从接待室可以清晰看到门前警车及警灯闪烁；从防卫行为保护的法益与造成结果体现的法益衡量看，要保护的是人身自由和人格尊严，造成结果体现的法益是生命健康，两者相比不相适应。从防卫行为使用的工具、致伤部位、捅刺强度及后果综合衡量看，于欢使用的是长 26 厘米的单刃刀，致伤部位为杜某浩身体的要害部位（肝脏），捅刺强度深达 15 厘米，造成 1 死 2 重伤 1 轻伤的严重后果，其防卫行为"明显超过必要限度"。

综合以上五点，于欢的行为属于防卫过当。

### 三、关于上诉人于欢的上诉理由

（一）上诉人于欢关于"构成防卫过当，一审判决未认定苏某霞系向吴某占借款，案发前吴某占、赵某荣多次向苏某霞暴力讨债，认定杜某浩等人侮辱言行不全面、未考虑防卫过当应减轻处罚的法定量刑情节"等上诉理由成立

对此检察员在前述出庭意见中已经进行了详细分析论证，在此不再赘述。

（二）上诉人于欢关于"杜某浩自行开车前往医院治疗""没有去较近的冠县中医院""在医院时因琐事与门卫发生冲突，最后才导致失血过多死亡"等上诉理由不成立

二审期间检察员对此专门询问证人马某栋、杜某岗、张某森、程某贺，调取杜某浩急诊接诊医生李某振自书证言，询问杜某浩主治医生赵某宽，并对某大公司至冠县人民医院、冠县中医院行驶路线进行侦查实验，经依法审查查明：2016 年 4 月 14 日 22 时 26 分左右，杜某岗驾驶杜某浩黑色歌诗图轿车载杜某浩、张某森、程某贺前往冠县人民医院抢救，10 分钟左右后到达冠县人民医院，因在车上杜某浩出现休克，为尽快抢救，杜某岗撞断医院门口横杆将车辆开至急诊楼门口。程某贺下车后自行找医生救治，张某森、杜某岗扶杜某浩下车抢救，急诊医生李某振接诊，在对杜某浩纱布加压包扎后急送普外科病房，后因杜某浩伤情严重又送重症监护室抢救。

马某栋证言对"杜某浩自行开车"作出解释"是受伤的人还是其他人开车我没注意,我的意思是没有叫120,自行开车走的";杜某岗、张某森证实上述过程"在急救科救人的时候,保安过来了,我在找医生就没管""没有因为保安延误对杜某浩的抢救";程某贺证实"我们这边都比较认可县医院,一般有什么病都去那里";李某振、赵某宽证实整个抢救过程及时并按照医院规定;侦查实验笔录证实"模拟从某大工贸有限公司至医院抢救路线并录像,分别为冠县人民医院6.9公里,用时约9分钟;冠县中医院5.2公里,用时约7分钟"。

综上所述,上述证据充分证实杜某浩受伤后被送往医院的抢救过程,未出现上诉人于欢提出的延误抢救情形,于欢该上诉理由不能成立。

(三)上诉人于欢关于"构成自首"的上诉理由不成立

经依法审查后认为,于欢的行为不符合《中华人民共和国刑法》第六十七条第一款规定的"犯罪以后自动投案"。

1. 本案证据证实,处警民警控制在前,于欢配合抓捕在后。执法记录仪视频(2)非常清晰地证实了这点,在于欢捅刺严某军、郭某刚的同时,处警民警已经到达接待室,并要求于欢交出单刃刀接受控制。在民警已经控制于欢的情况下,即使于欢主观上产生了向公安机关投案的故意,亦不存在投案行为。

2. 本案属于传唤于欢到案。《中华人民共和国刑事诉讼法》第一百一十七条规定,"对在现场发现的犯罪嫌疑人,经出示工作证件,可以口头传唤",本案中处警民警在现场发现犯罪嫌疑人于欢,并经收缴单刃刀、隔离双方后,将于欢口头传唤到公安机关,符合上述法律规定。

3. 于欢的行为亦不符合投案自首的相关情形。最高人民法院《关于处理自首和立功若干具体问题的意见》规定了主动投案的情形,包括"犯罪后主动报案,虽未表明自己是作案人,但没有逃离现场,在司法机关询问时交待自己罪行的;明知他人报案而在现场等待,抓捕时无拒捕行为,供认犯罪事实的",本案中于欢既没有主动报案,也并非明知他人报案而在现场等待,因此不符合上述司法解释的规定,只能认定为抓捕时无拒捕行为。

(四)关于上诉人于欢提出案发当晚处警民警严重不作为的问题

处警民警的行为性质问题,是舆论关注和我们调查工作的重点之一。最高人民检察院工作组会同山东省人民检察院专案组先后询问了所有处警人员和主要的在场证人,提取了执法记录仪、处警记录等重要物证、书证,反复查看了案发地某大公司的厂区监控录像;山东省人民检察院渎职侵权检察部门还对案发当晚处警民警是否存在失职渎职犯罪问题做了专门的调查。

检察机关调查认定的事实是:2016年4月14日晚22时07分,山东某大工贸公司员工报警称"有人打架"。22点17分,冠县经济开发区派出所民警朱某明带辅警2人到达现场。处警民警联系报警人,电话未能接通。民警发现公司办公楼一层接待室聚集多人,遂进入接待室进行询问。室内双方均表示没有报警并各执一词,民警警告在场人员不准打架。于欢的母亲苏某霞提出可能是外面员工报的警,民警于是准备出去寻找报警人。苏某霞母子打算与民警一同离开接待室,被讨债人员阻拦,民警再次警告不准动手。22时22分,处警人员走出房间,某大公司员工(非报警人)上前向民警反映情况,民警听取情况并给副班民警打电话,通报"现场很多要账的,双方说的不一样,挺乱的",通话记录和电话回声录音证实,副班民警表示马上开车过来增援。民警再次安排辅警"给里面的人说不能打架"。22时23分,处警人员进入警车商量要不要给领导打电话,商量的结果是先不打,约40秒后处警人员下车往室内走,某大公司两名员工(仍不是报警人)继续向民警反映情况。22时25分,接待室突然传出吵闹声,民警闻讯跑进室内,发现有人受伤、于欢手里拿着刀,民警立刻将刀收缴、将于欢控制住,同时安排打120电话,伤者同伴表示开他们自己车去医院更快。民警随后对现场及证据做了保护和固定。22时35分,副班民警带2名辅警赶到现场。另外,公司厂区监控录像显示,警车到达现场后未再有任何移动。

检察机关调查认为,案发当晚处警民警接到110指令后,遵循了立即响应、核实警情、现场处置、请求支援等基本程序并迅速开展处置工作,但在处警过程中也存在对案发中心现场未能有效控制、对现场双方人员未能分开隔离等处警不够规范的问题。根据调查认定的事实和证据,案发当晚处警民警的行为不构成玩忽职守罪,山东省检察机关依法决定对朱某明等人不予刑事立案。聊城市冠县纪委、监察局已对相关处警民警作出了党政纪处分。

### 四、本案所引发的思考

本案引发社会广泛关注,值得思考。检察员在审查案件事实、研究法律适用的过程中,也对这一问题进行了认真的考虑。

(一) 关于公民行使防卫权的思考

我国宪法和法律规定,公民的人身自由、人格尊严、住宅等不受侵犯,禁止非法拘禁和以其他方法非法剥夺或者限制人身自由,禁止用任何方法对公民进行侮辱,禁止非法侵入公民的住宅。当公民的这些合法权益受到不法侵害时,有权要求国家机关提供保护,也有权采取法律规定的方式展开自卫、予以制止。本案中,面对违法讨债行为、严重侮辱和非法拘禁,于欢有权采取防卫行为来制止不法侵害。但需要注意的是,当防卫超过了必要限度,就可能转化成了犯罪行为,这同样是为我国法律所不允许的。

(二) 关于司法和舆论关系的思考

于欢案引发广泛舆论关注,始于媒体报道,体现了舆论对于司法的监督。应当说,舆论监督是连接司法与公众的重要管道之一,是促进司法机关做好工作并与公众展开良性互动的重要保障。检察机关欢迎广大群众和媒体网络对自身办案行为的监督,高度重视网络舆情背后民众对司法的价值诉求,尊重媒体网络对案件客观、理性的报道。但同时司法是专业性很强的工作,案件事实需要经过法定程序,用确实、充分的证据加以证实。司法与舆论的目的是一致的：既要让无辜者不致蒙冤，也要让有罪者承担责任。司法与舆论都是推动法治进步的重要力量，我们期待司法与舆论的良性互动，共同促进法治中国的建设。

审判长、审判员：

于欢案件从引发社会广泛关注到今天二审程序依法公开开庭审理，已历时两个月。在此期间，对于舆论监督，我们常怀警醒，又心存感激；对于案件的审查，我们秉持检察官的客观公正立场，坚守法律与良知，以事实为依据、以法律为准绳，依法履行监督职责。通过今天的庭审，我们已经用证据还原了于欢案件的事实真相，以法理、情理辨析了案件的定性与法律的适用，相信于欢也必将最终得到公正的裁判！

综上，聊城市中级人民法院〔2016〕鲁15刑初33号《刑事附带民事判决书》认定事实不全面，适用法律错误，根据《刑法》第二十条第二款"正当防卫明显超过必要限度造成重大损害的，应当负刑事责任，但应当减轻或者免除处罚"的规定，建议山东省高级人民法院依法判处。

检察员：郭琳　扈小刚　李文杰<br>
2017年5月27日当庭发表

## 二、公诉文书

### 文书九　天津市人民检察院关于徐立国故意杀人上诉案出庭检察员意见书

# 徐立国故意杀人案

2004年11月17日9时许,徐立国儿子徐某飞(14岁)与邻居肖某武儿子肖某超(15岁)因琐事发生争执,徐某飞头部被打伤。为泄私愤,徐立国持刀将被害人肖某武一家三口杀害。案发后,徐立国潜逃至内蒙古自治区呼伦贝尔市海拉尔区伺机逃离出境。2005年3月16日4时许,徐立国到当地某酒吧饮酒,在结算费用时,与该酒吧老板倪某华发生争执。徐立国掏出随身携带的尖刀向倪某华左胸部捅刺一刀,后逃离现场,倪某华经抢救无效死亡。2015年11月13日,呼伦贝尔市公安局海拉尔分局民警在河南省兰考县将徐立国抓获归案。2016年5月18日,本案移送天津市人民检察院第一分院审查起诉。检察机关以被告人徐立国犯故意杀人罪向人民法院提起公诉。2017年4月24日,天津市第一中级人民法院以故意杀人罪判处被告人徐立国死刑,剥夺政治权利终身。被告人徐立国认为自己的行为尚未达到罪行极其严重程度,不应判处死刑,以量刑过重为由提出上诉。

上诉开庭时,天津市人民检察院出庭检察官当庭发表检察员意见书,阐述了徐立国犯罪的严重危害,指出徐立国罪行极其恶劣,人身危险性极大,原审判决适用法律准确,量刑适当,驳斥了徐立国没有根据的上诉辩解理由。天津市高级人民法院采纳了检察机关意见,于2017年12月25日作出终审裁定:驳回上诉,维持原审死刑判决。

承办检察官:天津市人民检察院　张　杰

# 天津市人民检察院
# 上诉案件出庭检察员意见书

**提起公诉机关：** 天津市人民检察院第一分院
**起诉书号：** 津检一分院公诉刑诉〔2016〕61号
**一审法院：** 天津市第一中级人民法院
**判决书号：** 〔2017〕津01刑初1号
**上诉人：** 徐立国
**案由：** 故意杀人罪

审判长、审判员：

根据《中华人民共和国刑事诉讼法》第二百二十四条的规定，我们受天津市人民检察院指派，代表本院，出席本法庭，依法执行职务。首先申明，今天的法庭组成合法，在庭审活动中充分保证了上诉人的合法权益。在本案开庭前，检察员依法提讯了上诉人，审阅了全部案卷材料，并当庭对上诉人进行了讯问，充分听取了上诉人及其辩护人的辩护意见。现检察员就本案原审判决认定的犯罪事实、对上诉人的定罪、量刑发表如下出庭意见，提请法庭注意。

## 一、原判决认定的犯罪事实清楚，证据确实、充分，定罪准确

上诉人徐立国二次作案均有目击证人证实作案过程，并有相应的客观证据予以佐证。

（一）关于杀害被害人肖某武、肖某超、马某艳的犯罪事实

公安机关出具的案件来源、接处警登记表、刑事案件登记表、

立案决定书等证据证实了本案的发案经过；抓获经过、公安静海分局出具的工作说明等证据证实了上诉人徐立国被抓获的过程；证人孙某新、崔某、胡某刚的证言、尸体检验报告、DNA鉴定书、现场勘查笔录等证据证实了肖家三口被害情况；上诉人徐立国前科情况证据、呼伦贝尔市公安局海拉尔分局出具的确定徐立国真实身份的工作记录、公安静海分局出具的情况说明，证人张某蓉、张某涛的证言、证人徐某飞、寇某华、朱某松、薛某建、徐某军的辨认笔录证实了徐立国的真实身份情况；证人徐某飞、寇某华、邰某华、袁某林、薛某久、薛某建、马某芳的证言，证实了徐立国实施杀人行为的主观故意和动机情况；证人王某发、徐某飞、寇某华、朱某松、丁某东、邰某华的证言证实了徐立国实施杀人行为的过程。对上述事实，徐立国亦供认不讳。

（二）关于杀害被害人侣某华的犯罪事实

接受案件登记表、立案决定书等证据证实本案发案情况；被害人侣某华身份户籍证明、证人刘某伟、张某明的证言证实了被害人身份情况；证人刘某伟证言、尸检鉴定书、现场勘查笔录证实被害人的被害情况；上诉人徐立国前科情况证据、呼伦贝尔市公安局海拉尔分局出具的确定徐立国真实身份的工作记录和提取血样的情况说明、山东省招远市公安局出具的违法犯罪信息及指纹信息卡、青岛市公安局出具的指纹比对材料、案发现场手印鉴定书、现场提取的物证空啤酒瓶、酒杯及其照片等证据证实了案发现场指纹系上诉人徐立国所留的事实；证人图某、张某明的证言证实了徐立国实施杀人行为的起因和主观故意；证人图某证言证实了上诉人徐立国实施杀人行为的过程，证人刘某伟、张某明的证言佐证了现场证人图某证言的真实性。对上述事实，上诉人徐立国在侦查及一审审查起诉阶段亦供认不讳。

综合上述证据，足以认定上诉人徐立国实施了两起故意杀人犯罪的事实，其行为完全符合《中华人民共和国刑法》第二百三十二条故意杀人罪的犯罪构成，应以本罪认定。

**二、检察员充分听取了上诉人的辩解及其辩护人的辩护意见，现针对辩护意见作出如下答辩意见，请法庭注意**

（一）关于杀害被害人侣某华的犯罪事实不清、证据不足的上诉意见

上诉人徐立国在一审庭审阶段和二审阶段，对杀害被害人侣某华的犯罪事实拒不供认，辩称其没有去过内蒙古呼伦贝尔市海拉尔区。经审查，本案中图某、刘某伟、张某明、薛某久、黄某增等证人证言、现场及周边环境勘验照片、勘查笔录、徐立国辨认（案发现场）笔录、被害人侣某华尸体检验报告、照片、手印鉴定书、现场提取的酒杯、酒瓶等物证、照片、公安机关出具的书面材料、上诉人徐立国归案后 7 次稳定供述等证据材料均能证实上诉人徐立国的犯罪事实。其中，案件来源、抓获经过、呼伦贝尔市公安局海拉尔刑警大队出具的"确定徐立国真实身份的工作记录"、手印鉴定书、青岛市公安机关指纹比对材料及情况说明、山东省招远市公安机关出具的徐立国违法犯罪信息及指纹信息卡、北京市海淀区公安机关出具的徐立国被羁押的材料、公安机关从河南省兰考县人民法院调取的徐立国故意伤害案卷宗、上诉人徐立国在逃、撤销信息表等证据材料均能够证实公安机关根据上诉人徐立国的前科劣迹材料中采集的指纹信息，并结合在案发现场采集的指纹进行比对，锁定了上诉人徐立国实施犯罪的重大嫌疑，继而实施抓捕，上述证据客观全面地证实了案发经过，徐立国的归案过程符合侦查机关的抓捕程序，侦查、抓获过程自然流畅，系由证到供的完整过程；手印鉴定书、现场提取的酒杯、酒瓶等物证、照片能够证实，在案发现场"天合缘"酒吧包间内提取的酒杯、酒瓶上的指纹系上诉人徐立国当天使用后遗留，也佐证了上诉人徐立国翻供后辩解自己没有去过海拉尔市内容的虚假性；证人图某的证言证实了上诉人徐立国 2005 年 3 月 16 日在东五道街"天合缘"酒吧消费期间随身携带刀具并被划破手，徐立国欲离开酒吧时因结账费用问题与酒吧老板侣

某华发生冲突，徐遂向被害人捅刺一刀后逃逸的事实，且有证人图某的签字捺印；证人刘某伟、张某明的证言证实图某确系"天合缘"酒吧一名服务员，且对年龄、民族、样貌有明确描述，与图某的证言内容一致，刑事案件登记表也证实报警人是图某，上述证据佐证了现场证人图某证言的真实性；证人薛某久、黄某增证言、徐立国亲笔书信证实，上诉人徐立国曾于2005年向二人写恐吓信，信中提到徐立国急需一笔钱出国，与徐立国供述其想经内蒙古到俄罗斯打工的情况相吻合；上诉人徐立国归案后，7次供述内容连续稳定一致，供认在2004年11月17日实施杀害肖某武等一家三口后，潜逃至山东威海，后因为想去俄罗斯打工，所以乘火车途经齐齐哈尔到达海拉尔市，当晚到东五道街"天合缘"酒吧消费期间，实施了杀害被害人侣某华的犯罪事实。根据上诉人徐立国的供述，对案发当天自己的衣着、面貌特征（八字胡）、酒吧内环境、酒吧周边环境、喝酒及接受服务（果盘、陪酒）情况、现场人员情况及人数、发生矛盾的经过及实施犯罪行为的过程均有清晰、详细的描述。上诉人徐立国在指认案发现场地点过程中，对自己曾经居住的旅店、洗澡的浴池、案发酒吧进行了具体指认，供述及辨认的内容与证人证言、鉴定结论等证据证实的内容高度吻合，与本案其他证据相互印证；上诉人徐立国对侦查阶段取证程序合法性没有异议，排除了刑讯逼供等非法取证的可能。

上诉人徐立国在一审庭审阶段和二审阶段翻供，辩称之前的有罪供述是担心自己实施的杀害被害人肖某武一家三口案件案发，希望能够尽快结案，想在庭审阶段再推翻之前供述。经查，上诉人徐立国共作过15份笔录，从第二份笔录（2015年11月15日）开始供认了实施杀害侣某华的犯罪事实，从第五份笔录（2015年12月2日）开始供认杀害肖某武一家三口的犯罪事实，在供认杀害肖某武一家犯罪事实后，上诉人徐立国仍然在多份笔录中对杀害侣某华案供认不讳，内容稳定一致，可见徐立国在侦查阶段希望用侣某华被杀案件掩盖肖某武一家三口被杀案件的辩解不能成立。上诉人徐立国作为一名成年人，应当对自己在讯问笔录中签字捺印的法律后果有清楚的认识，其想在庭审阶段推翻之前供述的想法不符合正常人思维逻辑，且于法无据。根据《中华人民共和国刑事诉讼法》第五十三条之规定，"对一切案件的判处都要重证据，重调查研究，不轻信口供。只有被告人供述，没有其他证据的，不能认定被告人有罪和处以刑罚；没有被告人供述，证据确实、充分的，可以认定被告人有罪和处以刑罚。"本案中上诉人徐立国有罪供述符合证据的合法性、客观性、真实性，足以作为本案认定事实的依据，其辩解与诉讼过程反映的实际情况不符，且与本案证据证实情况存在明显矛盾，不能认定。本案证据之间相互印证，形成完整证据锁链，足以认定上诉人徐立国杀害佀某华的犯罪事实。

（二）关于辩护人提出的手印鉴定书能否采信的问题

庭审中，辩护人对公安机关出具的手印鉴定书证据力提出异议，认为载有指纹的检材没有当庭出示，检材是否毁损不清楚，不足采信。经审查，呼伦贝尔市公安局海拉尔分局物证鉴定室出具了（海）公（痕）鉴（物）字〔2015〕011号手印鉴定书，该鉴定书的检材是佀某华被害案案发现场提取的两个酒杯和三个酒瓶，根据现场勘验检查笔录、照片证实，上述检材真实存在；鉴定过程采取银粉刷显提取手印方法、根据公安部物证鉴定中心指纹鉴定法、掌纹鉴定法进行比对检验，结论为在送检材料中3号啤酒瓶及5号酒杯上的手印痕迹系徐立国手指指印，该鉴定程序合法，鉴定人员具有资质；公诉机关当庭没有出示物证实物，只是示证形式变更。根据《中华人民共和国刑事诉讼法》第二百三十四条规定（"对作为证据使用的实物应当随案移送，对不宜移送的，应当将其清单、照片或者其他证明文件随案移送"），最高人民法院《关于适用中华人民共和国刑事诉讼法的解释》第七十条、七十三条之规定（"据以定案的物证应当是原物。原物不便搬运，不易保存，依法应当由有关部门保管、处理，或者依法应当返还的，可以拍摄、制作足以反映原物外形和特征的照片、录像、复制品"），示证出具物证照片的形式符合法定程序；天津市人民检察院第一分院随案移送物品清单证实，涉案的空啤酒瓶、酒杯均已随案移送。综上，手印鉴定书检材真实有效、程序合法,足以作为认定倡某华被杀案件事实的依据。

(三) 关于杀害肖某武一家量刑过重的上诉意见

上诉人徐立国认为自己实施的杀害肖某武一家三口的犯罪系激情犯罪,且被害方有一定过错,综合量刑情节一审判决过重。经查,上诉人徐立国供述案发当天因其子徐某飞被肖某武之子肖某超打伤后,肖家拒绝救治徐某飞,引起徐立国不满,因此实施杀人行为。根据证人徐某飞、寇某华、朱某松、丁某东、邰某华、袁某林、薛某久、杨某芹、马某芳等证言均证实上诉人徐立国经营的车百顺洗车行与被害人肖某武经营的马姐洗车行位置太近,两家没有一个明确的分界线,两家经常因为抢洗车生意闹矛盾,马某艳是天津市静海区当地人,看不起外地人,经常辱骂徐立国,徐立国对肖某超家素有积怨,此次其子被打事件是长期以来双方矛盾爆发的导火线,这与普通的偶发矛盾临时起意实施犯罪行为有明显区别,不属于激情犯罪;证人寇某华证实当天被害人肖某武因其子把徐立国儿子给打了,找证人寇某华借了200元钱给徐立国之子看病。证实了事发后,被害人积极采取措施化解矛盾。徐某飞被打伤,两家可以通过协商方式解决,不属于被害人有明显过错的案件;从客观方面分析,上诉人徐立国在肖某武一家没有进一步扩大矛盾,毫无防备的情况下,持刀连续捅刺赤手空拳的肖某武一家三口腰、背、胸等要害部位。尽管肖某武、肖某超被捅后持镐把、菜刀追赶徐立国,但途中肖某武因失血过多倒地,徐立国在受到人身伤害紧迫危险已经消除,被害人肖某武、肖某超无力反抗的情况下,返回并再次持刀捅刺被害人肖某武,在追赶肖某超致其已倒地求饶的情况下,再次捅刺其胸部,致二人当场死亡。上诉人徐立国的行为性质恶劣,手段残忍且无节制,反映其积极追求被害人死亡结果的直接故意,属于极其严重的刑事犯罪;同时,上诉人徐立国有多项前科劣迹,在负案在逃期间又实施了故意杀人的重大犯罪,证明其在实施严重犯罪后,没有吸取教训,不思悔改,对自己的行为不加检点,且屡教不改,具有极大的人身危险性和社会危害性,一审判决量刑适当。

## （四）关于上诉人杀害被害人侣某华行为的定性

庭审中，徐立国辩护人认为即使侣某华案件是上诉人徐立国实施，根据案件证据证实内容，应当认定本案构成故意伤害罪，且属于被害人有过错案件。根据徐立国的供述、证人证言、尸体检验报告等证据证实，徐立国在酒吧饮酒后，结算费用时认为不应支付服务员陪酒的费用，为强行离开酒吧，徐立国持刀朝上前阻止的酒吧老板侣某华胸部捅刺一刀，致被害人左胸部被单刃锐器扎刺至心脏破裂，循环功能丧失而死亡。结合上述证据和事实分析，第一，徐立国持刀捅刺被害人左胸部这一要害部位，根据正常人的认知水平应当明知左胸部下是心脏，直接捅刺左胸部极有可能造成被害人死亡结果的发生。第二，徐立国捅刺被害人左胸部，刺穿胸腔、心包肌，直达心尖，一字贯通，全长11cm，造成心腔破裂，这说明其捅刺力度之大。根据一般人的常识判断，用如此大的力量捅刺左胸部，其目的就是为了捅刺心脏，这说明徐立国主观上对被害人死亡结果持希望或放任态度。第三，根据目击证人的证言、上诉人徐立国的供述证实，案发时上诉人与被害人并未发生明显的肢体冲突，两人位置相对静止且很近，上诉人徐立国对于捅刺部位是具有一定控制能力的，这排除了徐立国因双方厮打碰巧捅刺被害人要害部位的可能。徐立国行凶时使用的凶器，对被害人实施加害行为的部位、力度及造成的死亡结果，证实了徐立国主观上有剥夺被害人生命的故意，客观上造成被害人死亡的后果，其行为符合故意杀人的犯罪构成，应以故意杀人罪追究其刑事责任。徐立国在酒吧饮酒后拒绝付款，被害人为此阻止其离开，属于维护自身合法权益的正当行为，没有过错或责任。

## 三、原审判决书适用法律准确，量刑适当

上诉人徐立国认为自己的行为尚未达到罪行极其严重程度，不应判处死刑，量刑过重。检察机关认为，本案中徐立国的犯罪行为性质、情节、犯罪分子的人身危险性均极其严重，符合适用死刑的条件。第一，本案两起犯罪性质极其严重。上诉人徐立国，在与被

害人肖某武一家因子女打架等生活琐事发生矛盾后，本可以通过协商赔偿等方式和平解决，且相关证人证实，被害人采取了一定的补救措施争取化解矛盾，但上诉人徐立国为报复泄愤，不惜实施严重暴力犯罪，使用凶器袭击了事先毫无防备的被害人一家。在杀害侣某华案件中，上诉人徐立国因在酒吧消费期间，拒绝支付费用的小事与被害人发生矛盾，动辄使用凶器将被害人杀死，在不到半年的时间内，连续实施了2起杀人行为，造成了4名被害人死亡的后果，犯罪行为性质极其严重。第二，本案的犯罪情节极其恶劣。在实施杀害肖某武一家犯罪行为的过程中，当上诉人徐立国已经捅刺被害人要害，造成被害人肖某武、肖某超丧失反抗能力后，仍进一步实施犯罪行为，特别是当未成年人肖某超无力反抗，倒地求饶时，身为人父的徐立国毫无悔改之意和怜悯之心，当着自己孩子徐某飞的面无情地继续向被害人捅刺，造成被害人当场死亡，与一般的激情犯罪相比，徐立国的杀人行为毫无节制，犯罪情节极其恶劣。第三，犯罪分子的人身危险性极其严重。上诉人徐立国因生活琐事，为报复泄愤，动辄实施严重暴力犯罪，足以证明其是一个遇事缺乏冷静、容易冲动、走极端的人。身为一名孩子的父亲，上诉人徐立国在对被害人实施杀害行为时毫无节制，不计后果，对与其子年龄相仿的未成年被害人实施犯罪更是肆无忌惮，足以证明其是一个缺乏宽容之心、丧失为人父之道的危险分子。案发后，徐立国长期负案在逃，期间仍不思悔改，多次实施犯罪行为，足以证明其是一个实施犯罪后无所顾忌、妄图逃脱法律责任的无担当之人。结合国家关于严厉打击侵害未成年人权益犯罪的刑事政策，坚决切断伸向未成年人的犯罪黑手，实现刑罚惩前毖后、以儆效尤的目的，检察员认为对上诉人徐立国判处死刑，剥夺政治权利终身的量刑是适当的。

综上所述，检察员认为原审判决认定上诉人徐立国故意杀人的犯罪事实清楚，证据确实、充分，定罪准确，量刑适当，上诉人徐立国的上诉理由不能成立，建议二审法院驳回上诉，维持原判。

检察员：张杰

2017年11月30日当庭发表

# 三、不起诉文书

文书十　浙江省绍兴市柯桥区人民检察院关于屠某方诈骗案不起诉决定书

# 屠某方涉嫌诈骗被不起诉案

2011年初,浙江某逸物流有限公司(以下简称某逸公司)授权屠某方等人到宁波市高速公路不停车收费服务处,先后为公司旗下32辆罐式箱体货车办理ETC业务(其中9辆在案发前停用)。2012年初,上述部分车辆在行经ETC通道时,被告知不符合国际标准集装箱要求,不得使用ETC通道。某逸公司遂至杭州市萧山区道路运输管理处办理23块"国际集装箱"铝牌,凭该铝牌继续使用ETC通道并享受相关优惠政策。2013年底,浙江省交通运输厅开展专项整治,某逸公司部分涉案车辆因箱体尺寸、箱体标记、随车证单不规范等原因被查处,但作为高速公路经营单位的浙江交通投资集团有限公司(以下简称浙交投公司)并未取消某逸公司的ETC使用资格,亦未将相关情况告知某逸公司,而是继续按ETC标准收取通行费。截至案发,涉案23辆货车共使用ETC业务102895次,已停用的9辆货车共使用ETC业务4872次。经查,某逸公司未实施改装等伪造车辆信息的行为。2016年6月28日,某逸公司经与浙交投公司协商,全额补交ETC业务使用费差额人民币1784万元,获得浙交投公司的谅解。

2016年5月5日,浙江省绍兴市公安局柯桥区分局以犯罪嫌疑人屠某方涉嫌犯诈骗罪提请检察机关批准逮捕。5月13日,柯桥区人民检察院作出不批准逮捕决定。5月18日,公安机关提出复议。5月25日,绍兴市柯桥区人民检察院经复议维持原决定。2017年4月10日,公安机关以屠某方涉嫌犯诈骗罪移送审查起诉。8月4日,柯桥区人民检察院经检察委员会决议作出对屠某方不起诉决定。8月8日,向屠某方宣布不起诉决定,同日将不起诉决定书送达浙交投公司。在不起诉决定生效期间,被不起诉人和相关单位均未提出异议。

承办检察官:浙江省绍兴市柯桥区人民检察院 丁宗杰

# 浙江省绍兴市柯桥区人民检察院
# 不起诉决定书

绍柯检公刑不诉〔2017〕373号

被不起诉人屠某方，男，1971年7月15日出生，身份证号码33900519710715＊＊＊＊，汉族，大专文化，浙江某逸物流有限公司运营部副经理，家住浙江省杭州市萧山区南阳街道雷山村＊＊组＊＊户。因涉嫌犯诈骗罪于2015年6月12日被取保候审，绍兴市公安局柯桥区分局于2016年5月5日向本院提请批准逮捕，因事实不清、证据不足，本院于同月13日作出不予批准逮捕决定，该局于2016年6月12日解除取保候审。

辩护人邓继祥，浙江天册律师事务所律师。

本案由绍兴市公安局柯桥区分局侦查终结，以被不起诉人屠某方涉嫌犯诈骗罪，于2017年4月10日移送本院审查起诉。其间退回补充侦查一次，绍兴市公安局柯桥区分局于同年6月22日再次移送审查起诉。本院受理后，已依法告知被不起诉人屠某方有权委托辩护人，讯问了被不起诉人，审查了全部案件材料。

绍兴市公安局柯桥区分局认定，自2011年5月23日至2015年6月12日，被不起诉人屠某方在担任浙江某逸物流有限公司（以下简称"某逸公司"）车队长、运营部副经理期间，将公司罐式箱体货车伪装为国际标准集装箱货车，利用高速公路不停车收费系统（以下简称"ETC业务"），偷逃高速公路通行费。其间被不起诉人屠某方等人为浙AP9936等32辆运输车辆办理ETC通行卡，经杭州、绍兴、宁波等地高速公路卡口进出浙江省高速公路管网共107767次。至案发日，被查获的23辆运输车共使用ETC通行卡

102895 次，此前已停用的 9 辆货车共使用 ETC 通行卡 4872 次。经中国船级社鉴定，被查获 23 辆运输车所装罐式箱体不属于 ISO 标准集装箱。经绍兴通大会计师事务所审计，前述车辆自 2011 年 5 月 23 日至 2015 年 6 月 12 日期间应付浙江省内高速公路通行费人民币 34288330 元，已缴纳人民币 16446524.4 元，偷逃人民币 17841805.6 元，其中有货运记录 ETC 偷逃金额为人民币 17163519.4 元，无货运记录偷逃金额为人民币 678286.2 元。

为证明侦查认定的事实，绍兴市公安局柯桥区分局提供了相关证据。侦查机关认为被不起诉人屠某方的行为已触犯《中华人民共和国刑法》第二百六十六条之规定，涉嫌犯诈骗罪。

被不起诉人屠某方辩解，其并非涉案事实主要负责人员，且该事实本身无关诈骗，其所在公司没有诈骗故意，损失的发生实为浙江省交通投资集团有限公司（以下简称"浙交投公司"）自身管理不善所致，其行为不构成诈骗罪。

辩护人邓某祥认为，被不起诉人屠某方的行为不构成诈骗，屠某方无罪。首先，屠某方在办理 ETC 卡及"国际集装箱"牌照期间，均未虚构事实、隐瞒真相，其行为不符合诈骗罪客观方面要件。其次，屠某方在主观上没有非法占有的故意。既然 ETC 办理机构能为其所在公司车辆办理 ETC 卡，杭州市萧山区道路运输管理处亦准许该公司车辆办理"国际集装箱"铝牌，则其公司车辆享受 ETC 收费优惠政策显然得到主管部门认可，屠某方的行为未触犯法律，不存在犯罪的故意。再次，屠某方的行为系单位行为，单位不是诈骗罪的犯罪主体，故屠某方的行为不可能构成诈骗罪。

经审查查明：

2011 年初，被不起诉人屠某方在担任某逸公司车队长期间，获悉相较于使用人工收费通道，ETC 业务更能实现物流便捷，且在缴纳通行费时具有一定优惠，遂向公司管理层建议办理 ETC 业务。经公司授权，屠某方等人至宁波市高速公路不停车收费服务处，先后为公司旗下 32 辆罐式箱体货车办理并使用 ETC 业务（其中 9 辆在案发前已停用）。在业务申请办理期间，屠某方等人如实填写申请表、提供车辆行驶证复印件,并将前述车辆驶至宁波市高速公路不停车收费服务处,交由服务处工作人员进行设备安装。

2012年初,某逸公司部分已办理不停车收费服务车辆在行经ETC通道时,被告知因车辆不符合国际标准集装箱要求,不得使用ETC通道。被不起诉人屠某方了解到只需办理"国际集装箱"铝牌,即可继续使用ETC业务,遂至杭州市萧山区道路运输管理处办理23块"国际集装箱"铝牌,凭该铝牌继续使用ETC通道并享受相关优惠政策。经查,凡具有道路运输经营许可且经营范围含集装箱运输的单位,仅需下属车辆类型属重型集装箱半挂车范畴,即可办理"国际集装箱"铝牌。

2013年底,浙江省交通运输厅要求各市交通运输局(委)、各高速公路经营单位对集装箱车辆借助不停车收费违规运输行为进行专项整治。其间某逸公司涉案车辆因箱体尺寸、箱体标记、随车证单不规范等原因,被沪杭甬高速公路瓜沥收费站查处21次。2014年1月,浙江沪杭甬高速公路股份有限公司(系浙交投公司子公司)在整治情况书面小结中载明某逸公司违规运输行为,但未取消某逸公司货车ETC使用资格,亦未将相关情况告知某逸公司,且继续认可该公司车辆使用ETC通道的行为,并按ETC标准收取通行费,直至2015年6月17日公安机关扣押涉案货车ETC设备止。经查,某逸公司未实施将涉案车辆进行改装等伪造车辆信息的行为。

案发后,经中国船级社鉴定,某逸公司涉案23辆货车所载箱体不属于ISO国际标准集装箱。经绍兴通大会计师事务所审计,自2011年5月23日至2015年6月12日期间,某逸公司办理ETC设备货车应缴浙江省高速公路通行费总额为人民币34288330元,已缴人民币16446524.4元。案发后,某逸公司已全额补缴人民币17841805.6元,获得浙交投公司谅解。

上述事实,有侦查机关搜集并经本院依法核实及本院自行取得的证据材料加以证实,通过对在案证据分析论证,得出以下结论:

## 一、某逸公司作为单位的整体行为不具有诈骗性质

2011年初,某逸公司自办理 ETC 业务之始,便不具非法占有的主观故意。被不起诉人屠某方的供述及证人楼某、李某根等人的证言证实办理 ETC 业务初衷系为便捷物流、节约成本,且并不知晓办理该业务的具体条件。彼时,ETC 尚属新鲜事物,办理标准有待明确。在案证据《国际标准集装箱车辆办理高速公路不停车收费事宜须知》(以下简称《须知》)一文尽管盖有某逸公司印章,但既未载明办理日期,亦无屠某方等人签名,不足以证实屠某方及某逸公司获悉《须知》内容。即便屠某方或某逸公司已获悉《须知》内容,基于该《须知》所载条文过于笼统,仅确定业务办理基础为"装有一只40英尺国际标准集装箱或两只20英尺箱国际标准集装箱",却未对所谓"国际标准集装箱"的内涵予以阐释,不能推导出屠某方及某逸公司对 ETC 准入条件明知的结论。证人徐某、胡某东分别作为涉案车辆制造方及销售方单位工作人员,尚不知晓前述车辆是否符合国际标准集装箱要求,作为车辆的购买方、使用方,某逸公司同样不应被苛求掌握标准实质。案发后,涉案车辆所载箱体系经中国船级社鉴定方得出不符合国际标准集装箱要求的结论,这同样证实办理 ETC 业务的标准不为常人所知悉。另据《浙江省高速公路不停车收费用户章程》(以下简称《章程》)规定,任何同意规范使用电子标签、不停车收费通行卡的单位或个人均可成为不停车收费用户,某逸公司的行为与《章程》无悖。在申请办理 ETC 业务时,某逸公司如实填具申请表格、提交车辆真实信息资料,相关证据均收集在案。其间某逸公司待办车辆均以原貌发起申请,且将实车交与宁波市高速公路不停车收费服务处查验,其后亦未对车辆进行任何改装,证人朱某春、余某洪、杜某芳、孙某、冯某尧、曾某刚、刘某丽等人作为某逸公司槽罐车驾驶员,其证言均能证实上述内容。证人袁某明(宁波市高速公路不停车收费服务处副主任)的证言则证实在办理 ETC 业务时,其所在服务处未查验待办车辆箱体,仅据申请方于《须知》上签章即

予以审核通过,然主管部门的不作为与某逸公司及屠某方本人并无干系。浙交投公司作为 ETC 服务提供方,负有明确申请 ETC 业务具体条件的责任,但其对某逸公司车辆经查车验证后予以审核通过。应当认定某逸公司在客观上未采用虚构事实、隐瞒真相的手段,致使浙交投公司陷入错误认识,进而获取非法利益,其行为不具诈骗性质。

## 二、某逸公司同浙交投公司形成真实有效的合同关系

基于前述,某逸公司同浙交投公司系在真实、自愿的意思表示支配下,签订了 ETC 业务使用协议。被不起诉人屠某方及证人楼某、李某根等人均证实在合同履行过程中,某逸公司全程使用浙交投公司提供的 ETC 服务,浙交投公司亦按 ETC 标准从某逸公司处收取使用费,此为在案《专项审计报告》及相关附属材料所印证。至此,该服务合同双方核心义务履行基本适当。至 2012 年初,某逸公司驾驶员反映公司车辆被查到不符合国际标准集装箱要求,屠某方从同行处获悉仅需补办"国际集装箱"铝牌即可。经向李某根汇报,屠某方前往杭州市萧山区道路运输管理处领取 23 块"国际集装箱"铝牌,此后凭该铝牌继续使用 ETC 通道。证人沈某(时为杭州市萧山区道路运输管理处货运管理科员工)的证言则进一步证实凡具道路运输经营许可且经营范围含集装箱运输的单位,只要下属车辆类型属重型集装箱半挂车,皆可办理"国际集装箱"铝牌,办理依据系交通部、浙江省交通厅、杭州市交通运输管理局相关文件精神,某逸公司确曾到其处办理过前述铝牌,此有《道路货物运输及站场管理规定》《申请报告》予以印证,可见"国际标准集装箱"的标准并不确定。据在案"车辆行驶证复印件"等书证可知,某逸公司涉案车辆完全符合重型集装箱半挂车标准,其申请获取"国际集装箱"铝牌进而使用 ETC 服务的行为与法律无悖,不影响 ETC 服务合同效力。

**三、浙交投公司对某逸公司的继续履约行为予以认可,且某逸公司在事后已对浙交投公司进行充分补偿**

至 2013 年底,浙江省交通运输厅出台浙交〔2013〕232 号文件,据此在全省范围内开展"集装箱车辆借助不停车收费违规运输专项整治活动",该文件载明系为有效遏制集装箱车辆借助不停车收费违法运输行为,规范高速公路运行秩序,提升高速公路安全通行效率进行前述整治活动。然前述文件并非下发给以某逸公司为代表的服务使用方,关于 ETC 事务管理义务始终在经营者一方,然经营者在具备条件于发现违规时即可取缔某逸公司继续使用 ETC 资格的情况下,却选择了认可该公司的履约行为,其后亦未予整改。2013 年底,某逸公司下属车队在经行 ETC 通道时因车载集装箱不符合国际标准被查。2014 年 1 月,浙江沪杭甬高速公路股份有限公司在整治情况书面小结中,载明了某逸公司违规运输行为,其后却未取消某逸公司 ETC 使用资格,亦未将相关情况告知某逸公司,且继续认可了该公司车辆继续使用 ETC 通道,并按相关标准收取通行费。在案证据"浙江省公路管理局情况说明"进一步证实,该局从未收到某逸公司集装箱车违规使用 ETC 情况的通报。显然,在该阶段 ETC 业务使用合约未受到整治活动影响,应视为合同双方均选择继续履约。证人楼某、李某根的证言证实,当时被不起诉人屠某方已将相关情况汇报至公司管理层,但楼某仅将被查一事等同超载视之,未予重视。即便某逸公司基于不符 ETC 通行标准却通行的客观事实,未足额支付高速公路通行费,亦同积极骗取他人财物的行为存在本质区别,应视为合同履行存在瑕疵,当归入民事违约或民事欺诈范畴。经审查"查处发票"知,即便在 2015 年 6 月 17 日,涉案 ETC 车辆装备被扣押后,浙交投公司仍按七类车标准向某逸公司收取使用费。被不起诉人屠某方辩称,某逸公司在申请办理 ETC 业务之前,高速收费管理部门即已按七类车标准收费,此与某逸公司提供的相关发票能够相互印证。经查,七类车标准与"装有一只 40 英尺国际标准集装箱"货车相对应。应当认定，浙交投公司从总体上认可了某逸公司的履约行为。案发后，某逸公司已根据审计结果，足额补偿浙交投公司的损失，并获得谅解，本案危害后果已然消除。

综上，某逸公司的涉案行为不具有诈骗性质，涉案双方形成了对等的权利义务关系，即便存在瑕疵履行情事，某逸公司在事后已充分弥补了浙交投公司损失。被不起诉人屠某方作为某逸公司员工，其行为同样不具有诈骗性质，不构成诈骗罪。

从主观方面而言，被不起诉人屠某方不具有非法占有的犯罪故意。其之所以代表某逸公司先后申请办理ETC业务以及"国际集装箱"铝牌，系为更好服务公司，是勤勉履职的表现，目的是为了实现公司物流便捷、节约成本，其并未因为涉案行为获取非法利益。在业务办理及铝牌申请环节，屠某方均按相关要求如实提供材料，申办程序符合办理方的要求，未怠于履行义务，其主观上不存在违法性预知。

从客观方面而言，被不起诉人屠某方未实施虚构事实、隐瞒真相的行为。如前所述，无论是在办理ETC业务阶段，还是在申请"国际集装箱"铝牌阶段，其均未隐瞒或伪造某逸公司及公司旗下车辆的相关信息，业务办理方所需材料，其均如实提供，且将待办ETC业务的车辆以实车方式交予业务办理方审核，在其后全部阶段，亦未将前述车辆进行改装，其自始至终未实施诈骗行为。

从身份、职责而言，被不起诉人屠某方作为某逸公司车队长，已经尽到审慎履职的责任，其在获悉公司车辆被查情况后，及时向公司决策层汇报。纵观全案，屠某方的个人行为仅系主导了ETC及铝牌申请，2013年底后的涉案事实，与屠某方本人并无直接关系，其既非单位主管人员，亦非直接实施行为的其他直接责任人，无需对单位全部涉案行为承担责任。

法律面前人人平等，非公有制企业公平参与市场竞争，亦应同等受到法律保护。本案系因经济纠纷引发，从合同角度而言，即便存在违约或欺诈事宜，也应当通过民事途径予以救济，某逸公司与浙交投公司已在ETC服务合同中约定了违约处理方式。案发后，某逸公司已足额偿付被害人，危害后果得到修复。根据刑法谦抑性原则，当民事途径足以定纷时，自无需刑法予以规制。被不起诉人屠某方的涉案行为，系代表某逸公司与浙交投公司达成ETC服务合同，不属于犯罪行为，事实清楚、证据确实充分。采纳被不起诉人屠某方的辩解以及辩护人邓某祥的意见。

综上，本院认为被不起诉人屠某方未实施《中华人民共和国刑法》第二百六十六条规定的行为，不具有诈骗犯罪事实，依照《中华人民共和国刑事诉讼法》第一百七十三条第一款之规定，决定对屠某方不起诉。

被不起诉人如不服本决定，可以自收到本决定书后七日内向本院申诉。

被害人如不服本决定，可以自收到本决定书后七日内向绍兴市人民检察院申诉，请求提起公诉；也可以不经申诉，直接向绍兴市柯桥区人民法院提起自诉。

绍兴市柯桥区人民检察院<br>2017年8月4日

# 四、刑事抗诉文书

## 文书十一　甘肃省武威市凉州区人民检察院关于杨东山诈骗案刑事抗诉书

# 杨东山诈骗案

2015年8月，被告人杨东山以给被害人张某、王某德介绍铁路护坡工程为由，骗取张某3万元，骗取王某德4万元。2013年9月至2014年3月期间，被告人杨东山以为被害人张某涛办理经济适用房为名，骗取张某涛14.5万元，后因张某涛追要，于2015年7月至8月期间退还2.4万元。2015年8月，被告人杨东山以给被害人王某的儿子、侄子在兰州铁路局找工作为由，骗取王某4.1万元。2017年4月12日，甘肃省武威市凉州区人民检察院以被告人杨东山犯诈骗罪向武威市凉州区人民法院提起公诉。8月10日，法院公开开庭审理此案。9月19日，武威市凉州区人民法院作出一审判决：认定被告人杨东山犯诈骗罪，判处有期徒刑四年，并处罚金人民币9000元。被告人杨东山曾因犯诈骗罪，被甘肃省天祝藏族自治县人民法院判处有期徒刑三年，宣告缓刑四年，并处罚金人民币3000元（已交纳）。撤销原判缓刑，执行有期徒刑三年，并处罚金人民币3000元。数罪并罚，决定执行有期徒刑六年六个月，并处罚金人民币12000元（已交纳3000元）。

对于检察机关指控的第二起犯罪事实，一审法院未予以认定，认为因被害人张某涛以民间借贷纠纷向人民法院提起民事诉讼，并经双方当事人同意达成调解协议，公诉机关对同一事实又以刑事犯罪进行指控，在民事调解书已经保护了张某涛合法权益的情况下，再追究杨东山的刑事责任，无法律依据也违背了当事人的意愿。甘肃省武威市凉州区人民检察院依法审查后，认为该判决对起诉书指控的第二起诈骗犯罪事实未予以认定，存在事实认定、适用法律确有错误，导致量刑畸轻，于9月30日向武威市中级人民法院提出抗诉。武威市中级人民法院审理后，认为原判决认定的部分事实不清，证据不足，于12月22日裁定撤销一审判决，发回重审。2018年4月16日，武威市凉州区人民法院作出判决，认定被告人杨东山犯诈骗罪，判处有期徒刑六年四个月，并处罚金人民币20000元。同时数罪并罚，决定执行有期徒刑九年，并处罚金人民币23000元。判决作出后，被告人杨东山提出上诉。6月15日，武威市中级人民法院作出终审裁定，驳回上诉，维持原判。

承办检察官：甘肃省武威市凉州区人民检察院　周丽娟
　　　　　　　　　　　　　　　　　　　　　　黄立勇

# 甘肃省武威市凉州区人民检察院
# 刑事抗诉书

凉检公诉诉刑抗〔2017〕4号

甘肃省武威市凉州区人民法院以〔2017〕甘0602刑初185号刑事判决书对被告人杨东山犯诈骗罪一案作出一审判决：判决被告人杨东山犯诈骗罪，判处有期徒刑四年，并处罚金人民币9000元。被告人杨东山曾因犯诈骗罪，被甘肃省天祝藏族自治县人民法院判处有期徒刑三年，宣告缓刑四年，并处罚金人民币3000元（已交纳）。撤销原判缓刑，执行有期徒刑三年，并处罚金人民币3000元。数罪并罚，决定执行有期徒刑六年六个月，并处罚金人民币12000元（含已交纳3000元）。本院依法审查后认为，该判决事实认定、适用法律确有错误，继而导致量刑畸轻，理由如下：

一、法院判决对起诉指控被告人杨东山以给被害人张某涛办理经济适用房为名，骗取张某涛信任，先后多次骗得张某涛共计人民币145000元的事实未认定为诈骗犯罪行为，存在事实认定错误。

根据《中华人民共和国刑法》第二百六十六条之规定，诈骗罪是指以非法占有为目的，虚构事实、隐瞒真相，骗取数额较大的公私财物的行为。其基本构造为：行为人实施欺骗行为——对方（受骗者）产生错误认识——对方基于错误认识处分财产——行为人或第三人取得财产——被害人遭受财产损害。而综合本案现有证据，可以形成完整的证据链条，证实被告人杨东山以非法占有为目的，采用虚构事实、隐瞒真相的方法，骗取被害人张某涛现金人民币数额巨大的事实。

首先，侦查卷内的证据形成完整的证据链条，相互印证，客观真实地证明了被告人杨东山谎称政府法制办工作人员,虚构为被害人张某涛办理经济适用房的事实,骗取被害人张某涛信任后,张某涛陷入错误认识情况下,自愿将现金人民币 145000 元交给杨东山被其非法占有,符合诈骗罪客观方面的要求。被害人张某涛陈述杨东山自称是政府法制办工作人员,能够给其办理经济适用房,使其陷入杨东山利用欺骗行为给其办理经适房的错误认识中,分多次将人民币 145000 元交付给杨东山。调取的杨东山所打三张共计人民币 145000 元的借条、张某涛给杨东山打款凭证等书证,所记录的打款时间、打款金额与张某涛的陈述相互印证。被告人杨东山经辨认,对上述三张共计人民币 145000 元的借条也予以认可。证人刘某龙、徐某庆、周某均证实在案发期间听张某涛说杨东山在给其办理经济适用房,刘某龙、周某同时证实看到杨东山到张某涛经营的茶屋去过,并听张某涛说为此给了杨东山钱,后听张某涛说被杨东山因此骗取人民币十几万元。其中周某还证实在茶屋见到杨东山时,其自称是政府法制办工作人员,证人刘某龙还证实 2014 年 3 月份因此事陪同张某涛给杨东山打款人民币 1 万余元。调取的短信记录能够证实 2014 年 11 月份张某涛向杨东山询问房子办理事宜,杨东山也回复短信告知了房子正在修建及拿钥匙的时间,可以印证被害人张某涛关于杨东山以给其办理经济适用房为名,骗取其信任。调取的法院民事调解书、询问笔录、起诉状等能够印证张某涛在长期讨要被骗钱财无果后,于 2015 年 3 月将杨东山起诉至法院,而起诉状中关于"被告杨东山自称是政府法制办工作人员,可以要到经济适用房且 95$m^2$,位置在九条岭办事中心附近为由,在 2013 年 12 月 20 日至 2014 年 3 月 16 日期间从原告处借走人民币共计 14.5 万元"的叙述,得到杨东山认可,其在询问笔录中称"原告起诉状内容属实,现在是原告不要房子了,我现在也准备将原告人民币 145000 元借款予以偿还"。即被告人杨东山在民事诉讼中就认可其虚构了政府法制办工作人员身份及给张某涛办理经济适用房的事实。与前述其他证据也可以相互印证。

其次,现有证据可以证实被告人杨东山关于该起事实属于民间借贷的辩解不属实，其主观上具有非法占有的目的。杨东山辩解其是以做煤炭生意需要资金周转为名从张某涛处一次性借款人民币145000元，但其给张某涛出具的借条却是不同时间的三张借条，调取的打款凭证、交易明细证实张某涛通过银行给其打款的次数就有四次；其供述在新疆奇台与张某宝合伙做生意，但其无法提供张某宝具体个人信息，提供的张某宝的联系电话经公安机关查证不属实；证人宋某虎则证实杨东山去新疆就是和一伙人吃吃喝喝，并没有谈什么生意，杨东山认识的人中也没有一个叫张某宝的；证人杨某花（杨东山妹妹）也证实根本没听说其做什么生意。调取的张某涛与杨东山的通话记录证实，张某涛自2014年11月起至2015年11月期间向杨东山索要被骗财物，杨东山编造各种理由蒙骗张某涛，且自始至终都称在外地，不与张某涛见面，虽然口头承诺还款，但除了经法院民事调解后经强制执行程序，杨东山给张某涛还款人民币24000元外，其再没有任何实际还款的行为，且在被执行后又逃匿拒不还款。根据公安机关出具的抓获经过，杨东山于2015年11月10日被酒泉市公安局苏州分局东城关派出所在该辖区新鸿宾馆2019房间抓获，也印证了其在案发后有逃匿行为，主观上非法占有的目的显而易见。

二、法院判决书中关于"因张某涛以民间借贷纠纷向人民法院提起民事诉讼，并经双方当事人同意达成调解协议，公诉机关对同一事实又以刑事犯罪进行指控，在民事调解书已经保护了张某涛合法权益的情况下，再追究杨东山的刑事责任，无法律依据也违背了当事人的意愿"的裁判理由违背法理，无法律依据。

首先，同一法律事实，完全可以同时引起两种法律关系，一是犯罪人与国家之间的刑事法律关系，二是平等主体之间的民事法律关系。这是性质完全不同的两种法律关系，刑事诉讼体现了对公共利益、秩序的维护，民事诉讼体现了对当事人权益的保护，二者在地位上是平等的，只是各自适用的实体法和程序法不同而已，不存在权利保护的优劣和先后。但两种法律关系导致的法律责任不同，原则上应分别通过刑事诉讼、民事诉讼来追究，只是在特殊情况下,可以通过刑事附带民事诉讼的方式,在追究犯罪人刑事责任的同时,一并追究民事责任。但民事诉讼却只能解决民事责任的问题,绝不可能附带解决犯罪人的刑事责任问题。对此,《中华人民共和国刑事诉讼法》第九十九条规定:被害人由于被告人的犯罪行为而遭受物质损失的,在刑事诉讼过程中,有权提起附带民事诉讼。最高人民法院《关于在审理经济纠纷案件中涉及经济犯罪嫌疑若干问题的规定》第十一条规定:人民法院作为经济纠纷受理的案件,经审理认为不属经济纠纷案件而有经济犯罪嫌疑的,应当裁定驳回起诉,将有关材料移送公安机关或检察机关。第十二条规定:人民法院已立案审理的经济纠纷案件,公安机关或检察机关认为有经济犯罪嫌疑,并说明理由附有关材料函告受理该案的人民法院的,有关人民法院应当认真审查。《公安机关办理经济犯罪案件的若干规定》第十一条的规定:公安机关发现经济犯罪嫌疑,与人民法院已受理或作出生效判决、裁定的民事案件系同一法律事实的,应当说明理由附有关材料复印件,函告受理或做出判决、裁定的人民法院,同时,通报相关人民检察院。

其次,已生效的民事判决原则上对刑事诉讼没有预决效力。针对同一法律事实,民事诉讼和刑事诉讼在证明责任分配规则、证明标准上大相径庭,刑事诉讼中由于有专门的侦查机关介入,查明案件事实的能力更强,对案件事实的证明标准更高,因而,完全可以根据查明的事实与证据,推翻民事诉讼对案件事实的认定。即使民事诉讼已作出了生效裁判,也不能据此否定启动刑事诉讼程序,进一步查明犯罪事实的必要性。

最后,由此引起的刑、民裁判之间的冲突完全可以依法解决。根据上述相关法律规定,在刑事法律关系和民事法律关系存在交叉的情况下,一般遵循的原则是"先刑后民",但本案比较特殊,被害人为了维护自己的权益,优先选择了走民事诉讼程序,但从后来公安机关查证的情况来看,本案应属于刑事诈骗犯罪,之前法院所做民事调解书将事实认定为借贷纠纷明显存在错误,应该予以纠正。对此问题该如何启动纠正程序并没有明确的法律规定,但根据

《中华人民共和国民事诉讼法》第一百九十八条的规定：各级人民法院院长对本院已经发生法律效力的判决、裁定、调解书，发现确有错误，认为需要再审的，应当提交审判委员会讨论决定。上级人民法院对下级人民法院已经发生法律效力的判决、裁定、调解书，发现确有错误的，有权提审或者指令下级人民法院再审。根据本案实际情况，现案件已进入审判环节，故可以依法上述法律规定，由法院依职权启动审判监督程序依法予以纠正。

综上所述，甘肃省武威市凉州区人民法院〔2017〕甘0602刑初185号刑事判决书存在事实认定错误，适用法律错误，继而导致对被告人杨东山量刑畸轻。为维护司法公正，准确依法惩治犯罪，依照《中华人民共和国刑事诉讼法》第二百一十七条的规定，特提出抗诉，请依法判处。

此致
武威市中级人民法院

武威市凉州区人民检察院<br>2017年9月30日

## 文书十二 江苏省常州市人民检察院关于周勇受贿案支持刑事抗诉意见书

# 周勇受贿案

2012年年初,时任常州某集团公司总工程师、负责融资业务的被告人周勇通过他人与钟虎雷(另案处理)结识。周勇与钟虎雷商谈由常州某集团公司向某信托公司融资10亿元项目,期限两年。期间,钟虎雷多次向周勇表示事成之后会有好处费。后周勇向公司及上级主管部门汇报,完成上述融资。2013年7月份的一天晚上,钟虎雷在某国际会所再次提出给周勇200万元好处费。周勇因有顾虑仍未直接收受,双方约定将200万元暂放在钟虎雷处,钟虎雷同意并表示如果有需要随时来拿,还可以为其进行投资理财。周勇提出如果以其名义投资理财,要事先征得其同意。直至案发,被告人周勇并未将200万元贿赂款拿回。

2015年12月24日,江苏省常州市天宁区人民检察院以被告人周勇犯受贿罪向常州市天宁区人民法院提起公诉。2016年11月25日,一审法院判决认定被告人周勇无罪。

江苏省常州市天宁区人民检察院经审查,认为该一审判决确有错误,提出抗诉。2017年5月2日,常州市中级人民法院作出终审判决,撤销原判,认定周勇犯受贿罪。

承办检察官:江苏省常州市人民检察院 谢 罕

# 江苏省常州市人民检察院
# 支持刑事抗诉意见书

常检诉支刑抗〔2017〕2号

常州市中级人民法院：

常州市天宁区人民检察院以天检诉诉刑抗〔2016〕1号刑事抗诉书对常州市天宁区人民法院〔2016〕苏0402刑初15号周勇受贿一案的刑事判决提出抗诉。本院审查后认为，抗诉正确，应予支持。

## 一、法院判决混淆了受贿罪的成立标准与受贿罪的既未遂标准

交易性是受贿罪认定的重要特征，因此行为人实施交易行为就是受贿实行行为的开始。一个受贿罪的交易行为，涵盖了要约、协议与交付等行为过程，而财物的交付、控制是我国受贿罪既未遂的通说。法院判决一方面确认了周勇与钟虎雷双方同意将200万元暂放在钟虎雷处，并就随时提取、投资理财等进行了口头约定，即行受贿双方要约、合意达成并一致；另一方面认为200万元没有实际交付给原审被告人周勇，周勇未实际控制该财物，从而得出周勇收受200万元贿赂行为的证据不足，判定周勇受贿200万元事实不成立，显然该判决将实际收受到财物作为受贿罪成立的标准。按照这份判决的逻辑与法律适用，受贿后未实际取得财产的都不是受贿犯罪，这显然违背法律、法理及既往判决精神。行贿人钟虎雷提出请托事项并许诺好处，原审被告人周勇答应并利用职务权力实现请托

事项，并同意接受 200 万元好处费，只是"暂时"放在钟虎雷处，行贿人钟虎雷与受贿人周勇已就公权力作为交易对价达成一致，受贿犯罪成立，周勇因为自己意志以外的原因最后没有取得财物是作为受贿既未遂的评价，而不是有罪无罪的判定。

## 二、受贿人收受财物并不拘泥于客观的、物理性的直接占有

本案就是典型的国家工作人员为了规避法律风险，同意接收他人财物，但财物仍然由请托人占有、保管，案发时未取回的情况。最高人民法院案例选 2009 年第 4 辑的王效金受贿案，明确《刑法》中对受贿罪的"收受他人财物"进行了界定，即既包括收下他人送的财物，也包括对他人送的财物不拒收。该判例要旨如下：对于国家工作人员利用自己职务上的便利，为他人谋取利益，如果行贿者有送钱款的真实意思表示，受贿者有收受的真实意思表示，并且都有相应的具体行为，双方行为的性质是权钱交易，即便行为人是口头承诺收受钱款，也应构成受贿罪。如果该钱款为受贿者所控制，则认定为受贿既遂。因此，本案原审被告人周勇对钟虎雷贿赂的 200 万元从没提出拒绝，口头同意钟虎雷的方案，其不直接占有，但该笔财物周勇可以随时提取，且对 200 万元使用规划、理财预期收益都进行了商量，周勇虽没有直接占有 200 万元，但是已经同意收受了该笔财物，受贿罪成立。

## 三、原审被告人周勇具有收受 200 万元财物的主观故意

第一，在常州城市建设（集团）有限公司 10 亿元融资项目推进过程中，行贿人钟虎雷多次向被告人周勇表示事成之后会有好处，且行贿故意至今没有发生变化。周勇因为利益的诱惑，在常州城建公司没有向个人支付顾问费先例的情况下积极推进此项目；而从行贿人一方来看，其从参与常州城建融资开始，就以支付好处为

诱饵，致使周勇等人一再违规推进，事后钟虎雷向给予他帮助的人都兑现了好处承诺。

第二，融资协议签订后，原审被告人周勇先是收受了钟虎雷为表示感谢而给予的 2 万元购物卡并将购物卡用于个人使用，一个月后又与钟虎雷就 200 万元好处费达成合意并接受，两次贿赂时间有连续性，表明周勇按照既有的行受贿合意接受贿赂，第二次其主观上是要收受该 200 万元，只是为规避司法机关查处而将钱"暂放"在钟虎雷处，法院判决同样认可"暂放"，如果没有最后东窗事发，200 万元最终仍然归周勇支配。

第三，原审被告人周勇辩解："后来想想还是不要这笔钱了"，但是又没有把这种内心的想法直接向钟虎雷明示，其内心仍然是处于想拿但又不敢直接拿的状态。我们认为，行受贿双方在第一次就职权财物达成交易合意时候，双方行贿、受贿的主观故意都已经明确，周勇后面内心的摇摆甚至说不想要，都没有向一直认为周勇要收这笔 200 万元的行贿人钟虎雷进行明确的对外宣示变更，因此双方的合意一直没有改变，行贿人钟虎雷无法知道周勇的内心变化。另一方面，被告人周勇如果真的不想要 200 万元，完全可以直接向钟虎雷表明自己的立场。被告人周勇无论是在时间上还是在空间上，完全具备直接拒绝的条件。从 2012 年 9 月份钟虎雷首次表示要送给其 200 万元好处到 2015 年 5 月份案发，中间有近 3 年的时间，被告人周勇从未向钟虎雷表明其不想要这笔钱的想法、态度。

**四、本案属于 2016 年 4 月 18 日"两高"出台的《关于办理贪污贿赂刑事案件适用法律若干问题的解释》第一条第三款第二项适用的情形，即原审被告人周勇即使只认定受贿 2 万元，但其为行贿人钟虎雷谋取了不正当利益，并致使公共财产、国家和人民利益遭受了重大损失，应当认定为《中华人民共和国刑法》第三百八十三条第一款规定的"其他较重情节"**

在融资过程中，钟虎雷为谋取更大的利益，向周勇提出必须由常州城建公司以融资管理顾问服务费的名义单独向其支付中介费。但钟虎雷既不具备中介资质,亦未提供相应的融资管理服务,仅是为了谋取不正当利益,才给予原审被告人周勇以好处。周勇在诱惑下,慷国家之慨,帮助钟虎雷积极推进落实融资项目,向常州市政府隐瞒常州城建公司单独向钟虎雷支付中介费的情况下,为钟虎雷从常州城建公司获得总融资额的0.9%即1462.5万元的顾问服务费。若算及另一融资项目中间人杨某因此而获得的总融资额的0.9%即1462.5万元的所谓"贷后管理顾问服务费",则常州城建公司为融资支付了总融资额的1.8%即2925万元的费用。因此,现有证据可充分证明原审被告人周勇不仅为行贿人钟虎雷谋取了不正当利益,亦致使公共财产、国家和人民利益遭受了重大损失。

综上所述,为维护司法公正,准确惩治犯罪,依照《人民检察院刑事诉讼规则(试行)》第四百七十三条的规定,请你院依法纠正。

此致
常州市中级人民法院

江苏省常州市人民检察院
2017年2月20日

# 五、民事诉讼法律监督文书

### 文书十三　山东省人民检察院关于高某英等财产纠纷案提请抗诉报告书

# 高某英等与青岛兴某利物流公司返还财产纠纷提请抗诉案

2006年2月12日，殷某民驾驶货车沿合徐高速公路由合肥往蚌埠方向行驶过程中，因操作不当与前方因交通事故堵塞停放在行车道内的两辆货车相撞，造成三辆货车不同程度受损，驾驶员殷某民和该车乘员韩某富当场死亡的重大交通事故。交警部门认定，殷某民负该起事故的全部责任，被撞两辆货车司机不负事故责任，乘员韩某富无责任。事故发生后，当地社保部门对韩某富进行了工伤认定，向其法定继承人支付了丧葬费、工亡补助金等共计8万余元。同时，保险公司向韩某富所属青岛兴某利物流公司（以下简称兴某利公司）支付了死亡赔偿金、丧葬费、抚养费等保险金共计6万余元。兴某利公司收到上述保险金后，未向死者家属支付上述款项。

2007年7月，韩某富家属高某英等人以兴某利公司为被告起诉至青岛市黄岛区人民法院，要求被告支付商业保险赔偿款及利息。2007年12月7日，黄岛区人民法院作出一审判决，判令兴某利公司返还高某英等人死亡赔偿金、丧葬费、被扶养人生活费，共计6万余元。兴某利公司不服一审判决，向青岛市中级人民法院提起上诉。2008年3月3日，青岛市中级人民法院作出二审判决，撤销原判，驳回高某英等人诉讼请求。高某英等人不服，申请再审。2009年10月27日，山东省高级人民法院维持二审判决。高某英等人不服，向检察机关申请监督。山东省人民检察院经审查，认为原审法院适用法律确有错误,提请最高人民检察院抗诉。2016年8月17日,最高人民检察院向最高人民法院提出抗诉。2018年4月3日,最高人民法院组成再审法庭审理本案,在合议庭主持下,双方当事人当庭达成和解协议,高某英等人于次日即收到了兴某利公司返还的商业保险赔偿金本金及利息合计10万元。

承办检察官:山东省人民检察院　杜文婷

# 山东省人民检察院
# 提请抗诉报告书

鲁检民（行）监〔2015〕37000000165号

最高人民检察院：

高某英、韩某坤、韩某超、韩某三因与青岛兴某利物流有限公司返还财产纠纷一案，不服山东省高级人民法院〔2009〕鲁民提字第230号民事判决，向本院申请监督。本案现已审查终结。

## 一、当事人基本情况

申请人（一审原告、二审被上诉人、再审申请人）：高某英，女，1962年6月26日出生，汉族，现住青岛市黄岛区辛安街道办事处大泊子村＊＊＊号。

申请人（一审原告、二审被上诉人、再审申请人）：韩某坤，女，1983年8月28日出生，汉族，现住青岛市黄岛区辛安街道办事处大泊子村＊＊＊号。

申请人（一审原告、二审被上诉人、再审申请人）：韩某超，女，1985年8月4日出生，汉族，现住青岛市黄岛区辛安街道办事处大泊子村＊＊＊号。

申请人（一审原告、二审被上诉人、再审申请人）：韩某三，男，1987年6月20日出生，汉族，现住青岛市黄岛区辛安街道办事处大泊子村＊＊＊号。

其他当事人（一审被告、二审上诉人、再审被申请人）：青岛兴某利物流有限公司，住所地：青岛市黄岛区漠河路＊＊＊号。

法定代表人：刘某民，经理。

## 二、诉讼过程和法院历次审理情况

2007年7月，韩某珍、高某英、韩某坤、韩某超、韩某三（以下简称高某英等人）以青岛兴某利物流有限公司（以下简称兴某利公司）为被告起诉至青岛市黄岛区人民法院，诉称：高某英等人的亲属韩某富因鲁B81588号车交通事故死亡，保险公司已赔付车上人员韩某富死亡补偿费、丧葬费、抚养费共计60895元，上述款项已由兴某利公司领取，请求依法判令兴某利公司返还自保险公司领取的韩某富死亡赔偿金49986元、丧葬费6464元、抚养费4535元共计60985元的商业保险赔偿款及利息，并承担本案诉讼费。

青岛市黄岛区人民法院于2007年12月7日作出〔2007〕黄民初字第2555号民事判决。该院一审查明，2006年2月12日，殷某民驾驶鲁B81588号货车沿合徐高速公路由合肥往蚌埠方向行驶至107KM+698M处，因操作不当与前方王某禄驾驶的因交通事故堵塞停放在行车道内的蒙J19442、蒙J4895挂号货车、马某锋驾驶的因交通事故堵塞停放在紧急停车道的浙GC6018号货车尾随相撞，造成三车和三车货物不同程度受损，驾驶员殷某民和本车乘员韩某富当场死亡的重大交通事故。该交通事故经滁州公安局交通警察支队高速二大队认定，殷某民负该起交通事故的全部责任，王某禄、马某锋不负事故责任，乘员韩某富无事故责任。

另查明，韩某珍系韩某富父亲，现年70周岁；高某英系韩某富妻子；韩某坤、韩某超系韩某富之女；韩某三系韩某富之子。

又查明，鲁B81588号肇事车的实际所有权人及受益人系兴某利公司，殷某民、韩某富是兴某利公司职工，该事故是在正常作业期间发生的。青岛市黄岛区社会保障事业管理中心已向高某英等人支付了韩某富的丧葬费8970元、工亡补助金77740元，合计86710元。兴某利公司为鲁B81588号货车向中国人民财产保险股份有限公司青岛市市北第一支公司（以下简称人保青岛市北一公司）投保车辆损失险、第三者责任险、车上人员责任险等险别。上述事故发生后，人保青岛市北一公司已向兴某利公司支付车上人员韩某富死亡赔偿金 49986 元、丧葬费 6464 元、抚养费 4535 元，共计 60985 元。

该院一审认为，因人的生命、健康遭受损害，赔偿权利人应依法得到赔偿。兴某利公司的工作人员殷某民驾驶该公司所有的鲁 B81588 号货车载韩某富，因操作不当与前方停放的蒙 J19442 号货车和浙 GC6018 号货车尾随相撞，造成三车和三车货物不同程度受损、驾驶员殷某民及车上人员韩某富当场死亡的重大交通事故。该事故经滁州公安局交通警察支队高速二大队认定：殷某民负事故的全部责任，乘员韩某富无事故责任。该院对该事故认定予以确认。殷某民、韩某富系兴某利公司的工作人员，该事故是在殷某民、韩某富受兴某利公司指派因公出差期间发生的。兴某利公司已为鲁 B81588 号车投保车上人员责任险。车上人员责任险是以兴某利公司（被保险人）对车上人员依法应负的赔偿责任为保险标的保险。韩某富因上述交通事故死亡，人保青岛市北一公司向兴某利公司支付了韩某富死亡赔偿金、丧葬费、抚养费等保险金。兴某利公司在该事故发生及收到上述保险金后，未向高某英等人支付上述款项，因此，该院认为，高某英等人主张兴某利公司返还韩某富的死亡赔偿金、丧葬费、被抚养人生活费，合法有据，应予以支持。兴某利公司辩称，其已向高某英等人支付死亡赔偿金、丧葬费等各项费用，因其提交的证据仅证明黄岛区社会保障事业管理中心向高某英等人支付了企业职工工伤保险待遇的相关费用，不能证明其主张，该院不予采信。依据《中华人民共和国民法通则》第一百七十条、《中华人民共和国保险法》（以下简称《保险法》）第五十条之规定，判决：兴某利公司于本判决生效之日起 10 日内返还高某英等人死亡赔偿金 49986 元、丧葬费 6464 元、被扶养人生活费 4535 元，共计 60985 元。

兴某利公司不服一审判决，向青岛市中级人民法院提起上诉，请求依法撤销一审判决。

青岛市中级人民法院于 2008 年 3 月 3 日作出〔2008〕青民五终字第 393 号民事判决。该院二审查明，原审判决认定兴某利公司是鲁 B81588 货车的投保人和被保险人，韩某富因公殉职，兴某利公司已按照《中华人民共和国劳动法》的规定对高某英等人进行了赔偿，兴某利公司领取鲁 B81588 货车车上人员责任险 60985 元的事实属实。又查明，原告韩某珍系韩某富父亲，现年 70 周岁；原告高某英系韩某富妻子；原告韩某坤、韩某超系韩某富之女；原告韩某三系韩某富之子。另查明，2005 年 9 月 28 日兴某利公司作为投保人与人保青岛市北一公司签订鲁 B81588 货车机动车辆保险合同。合同约定，保险合同的被保险人是兴某利公司。承保的险种共有四项，车上人员责任险为其中的一项，每座保险金额为人民币 8 万元。没有指定韩某富为车上人员责任险的受益人。本案争议的焦点，兴某利公司是肇事车辆的投保人和被保险人，车上人员责任险发生后能否获得请求赔偿金；高某英等人能否为车上人员责任险受益人的继承人。

该院二审认为，受益人也称保险金受益人，是保险事故发生后，依法向保险人行使保险金请求权的人。受益人的保险金受领权，是以被保险人或投保人的受让所得。被保险人是遭受保险事故并造成损失依法享有保险金赔偿请求权的人；投保人是保险合同的义务人，亦是依法享有保险合同对其损失给予补偿利益的权利人。被保险人或投保人的保险金赔偿请求权，是由其事先转让或指定的受益人行使。2005 年 9 月 28 日兴某利公司作为投保人与人保青岛市北一公司签订的鲁 B81588 货车机动车辆保险合同明确约定，保险合同的被保险人是兴某利公司。保险合同的特别约定中，没有指定韩某富是鲁 B81588 货车车上人员责任险的受益人。车上人员责任险为人身保险，根据《保险法》的规定，人身保险的受益人由被保险人或投保人指定。投保人指定受益人时须经被保险人同意。兴某利公司既是鲁 B81588 货车保险合同的投保人，又是被保险车辆的被保险人。兴某利公司在鲁 B81588 货车保险合同中，没有指定韩某富是鲁 B81588 货车车上人员责任险的受益人。高某英等人以韩某富是鲁B81588货车车上人员责任险的受益人为由提起一审诉讼，要求兴某利公司返还财产，对其主张高某英等人没有提供证据举证证明。根据最高人民法院《关于民事诉讼证据的若干规定》之规定，高某英等人对其举证不能的事实，依法承担举证不能的不利后果。原审判决认定事实不清，适用法律不当，依法应予改判。依据《中华人民共和国民事诉讼法》第一百五十三条第一款第三项、第一百五十八条之规定，判决：一、撤销山东省青岛市黄岛区人民法院〔2007〕黄民初字第2555号民事判决；二、驳回被上诉人高某英等人的一审诉讼请求。

高某英等人不服二审判决，向山东省高级人民法院申请再审，称原审法院认定事实错误，错误地将车辆损失附加险认定为人寿保险，并错误地引用人寿保险的规定（指定受益人），扩大了再审申请人的法律义务，导致适用法律错误。

山东省高级人民法院于2009年10月27日作出〔2009〕鲁民提字第230号民事判决。该院再审确认了一审、二审法院认定的事实。

该院再审认为，本案仅是以兴某利公司投车上人员责任险，谁应获得保险利益体现出来，本案争议的焦点问题实际应当是受害人在劳动合同关系中的劳动者身份及人身损害赔偿纠纷中的受害人身份竞合的情况下，其近亲属能否双重主张权利。如果受害人的近亲属能双重主张权利，则无论兴某利公司是否投车上人员责任险，均不影响受害人近亲属在获得社会劳动保险以后再以人身损害赔偿为由向兴某利公司主张赔偿的权利；如果不能双重主张权利，则即使兴某利公司投此险种，受害人家属也不能当然地取得保险赔偿金，更不得主张兴某利公司返还依保险合同而取得的保险赔偿金。

第一，高某英等人能否再向兴某利公司请求民事损害赔偿。对此，最高人民法院《关于审理人身损害赔偿案件若干问题的解释》第十二条规定："依法应当参加工伤保险统筹的用人单位的劳动者，因工伤事故遭受人身损害，劳动者或其近亲属向人民法院起诉请求用人单位承担民事赔偿责任的，告知其按《工伤保险条例》

的规定处理。因用人单位以外的第三人侵权造成劳动者人身损害，赔偿权利人请求第三人承担民事赔偿责任的，人民法院应予支持。"据此，本案的申请再审人在已获取社会保险赔偿并享有相关工伤待遇后，不应当再以民事损害赔偿为由，向兴某利公司主张民事损害赔偿。兴某利公司没有向申请再审人再支付损害赔偿金的法律义务。

第二，本案中车上人员责任险是否属人身保险。本案中兴某利公司投车上人员责任险，是车辆保险合同的附加险，按照《保险法》第四十九条规定"责任保险是指以被保险人对第三者依法应负的赔偿责任为保险标的的保险"，在《保险法》中将其列为财产保险合同一节，应属于财产保险，原二审认定车上人员责任险为人身保险于法无据。依照《保险法》之规定，受益人仅是指"在人身保险合同中由被保险人或者投保人指定的享有保险金请求权的人，投保人、被保险人可以为受益人"。因此，车上人员责任险中不存在受益人。

第三，依据车上人员责任险合同，保险金请求权应当由谁享有，保险赔偿金应当支付给谁。《保险法》第四十九条规定："保险人对责任保险的被保险人给第三人造成的损害，可以依照法律的规定或者合同的约定，直接向该第三者赔偿保险金。"依据兴某利公司与财产保险公司签订的车上人员责任保险合同关于保险责任的约定："保险期间内，被保险人或其允许的合法驾驶人在使用被保险机动车过程中发生意外事故，致使车上人员遭受人身伤亡，依法应当由被保险人承担的损害赔偿责任，保险人依照本保险合同的约定赔偿。"同时对赔偿处理约定："被保险人索赔时应当向保险人提供与确认保险事故的性质、原因、损害程度等有关的证明和资料。"以上这些约定可以看出，兴某利公司既是投保人也是享有保险金请求权的人，保险合同并未对保险金请求权有特别约定，且保险公司也是按合同约定已将保险赔偿金给付兴某利公司。高某英等人认为此保险赔偿金是基于韩某富的死亡，保险赔偿金应由其享有，兴某利公司应当返还财产的请求既无合同依据，也无法律依据。而车上人员责任险是一种商业保险，投保本身也是一种投资理财方式，兴某利公司作为投保人，按合同足额交付保险金，其目的并非为了给车上人员增加一份社会劳动保险及工伤保险之外的另一份保险利益，而是为了一旦出险，尽可能地减小自己的风险，为自己谋取利益，因此，高某英等人认为受害人的死亡不能成为兴某利公司创收机会的理由不能成立。

综上，原二审虽然认定事实及适用法律部分有误，但判处结果并无不当。申请再审人要求被申请人兴某利公司返还保险赔偿金的请求既无法律依据，也无合同依据，该院不予支持，原判应予维持。依照《中华人民共和国民事诉讼法》第一百五十三条第一款第一项、第一百八十六条第一款，最高人民法院《关于适用〈中华人民共和国民事诉讼法〉审判监督程序若干问题的解释》第三十七条之规定，判决：维持青岛市中级人民法院〔2008〕青民五终字第393号民事判决。

高某英等人不服再审判决，向检察机关申请监督。

## 三、申请监督理由及其他当事人意见

高某英等人申请监督认为：二审判决、再审判决所适用的法律及法律释义明显违背《保险法》第五十条的立法本意，从兴某利公司所投的保险类型为车上人员责任险来看，也是对第三者即车上人员的赔偿，责任保险金最终是对第三者的赔偿，被保险人虽然拥有保险金的请求权，但并不是保险金的所有权，只不过该保险金先由保险人支付给被保险人，再由被保险人支付给第三者。故二审判决、再审判决均存在适用法律错误。

兴某利公司经合法送达未提交答辩意见。

## 四、检察机关审查认定的事实

2005年9月28日，兴某利公司作为投保人与人保青岛市北一公司签订鲁B81588货车机动车辆保险合同。作为保险合同一部分的《中国人民财产保险股份有限公司机动车车上人员责任保险条款》第三条规定:"本保险合同中的车上人员是指保险事故发生时在被保险机动车上的自然人。"第四条规定:"保险期间内,被保险人或其允许的合法驾驶人在使用被保险机动车过程中发生意外事故,致使车上人员遭受人身伤亡,依法应当由被保险人承担的损害赔偿责任,保险人依照本保险合同的约定负责赔偿。"第二十条第一款规定:"被保险人索赔时,应当向保险人提供与确认保险事故的性质、原因、损失程度等有关的证明和资料。"第二十六条规定:"被保险人获得赔偿后,本保险合同继续有效,直至保险期间届满。"

还查明,高某英等人曾以道路交通事故人身损害赔偿纠纷为由起诉至青岛市黄岛区人民法院,要求兴某利公司支付死亡补偿费、抚养费、赡养费等。2007年3月7日,青岛市黄岛区人民法院以〔2007〕黄民初字第483号民事裁定驳回高某英等人的起诉。

本院审查认定的其他事实与再审法院认定的事实一致。

### 五、提请抗诉理由

本院认为,山东省高级人民法院〔2009〕鲁民提字第230号民事判决适用法律确有错误。理由如下:

在本案当中,虽然高某英等人提出的请求是要求兴某利公司返还财产(保险金),但是其提出这种请求的认识基础是,争议的保险金系保险公司基于机动车保险中的车上人员责任险而赔付的款项,而韩某富的死亡正是上述保险金得以赔付的基础和条件,故其请求隐含的前提是兴某利公司应当对韩某富的死亡承担相应的赔偿责任。该前提是否存在直接影响高某英等人的请求权的实现。

(一)基于车上人员责任险概念及性质的分析

《保险法》第五十条第二款规定:"责任保险是指以被保险人对第三者依法应负的赔偿责任为保险标的的保险。"上述规定,明确了责任保险的本质:责任保险所保障的,并非保险事故直接造成的被保险人财产损失,而是保险事故发生后,被保险人依法应向第三人承担的赔偿责任。即责任保险的标的不是被保险人的财产,而是被保险人依法向第三者承担的赔偿责任。保险利益在于,因被保险人依法向第三者承担了赔偿责任,必定造成自身财产的损失,保险公司对此以赔偿保险金的形式予以补偿。也就是说,被保险人向第三人承担赔偿责任造成其自己的财产损失,是其可以申请保险公司赔付保险金的必要条件。从逻辑上讲,如果被保险人无需向第三者赔偿,其损失也就不存在,保险公司则无需向其支付保险金。这同时也表明,责任保险对于被保险人而言,所具有的保障功能只在于转移风险,而实质上最终得到保障的是不特定的第三者。

而被保险人对第三者承担的赔偿责任的类型,不仅包括侵权责任(被保险人直接造成保险事故致第三者伤亡情形),还包括合同责任(客运合同中乘客受伤,依据合同关系提起违约之诉情形),甚至可以说,被保险人对第三者的赔偿责任可以只从结果意义上来考察,即只要第三者系因保险事故伤亡,而最终的赔偿责任主体系被保险人,保险金赔付的条件即为已足,至于被保险人对于第三人的赔偿责任是直接责任,还是经由其他法律关系转致,在所不问。

本案中,殷某民作为兴某利公司的雇员,在履行职务行为过程中造成交通事故,造成韩某富死亡。根据最高人民法院《关于审理人身损害赔偿案件若干问题的解释》第九条第一款关于"雇员在从事雇佣活动中致人损害的,雇主应当承担赔偿责任;雇员因故意或者重大过失致人损害的,应当与雇主承担连带赔偿责任。雇主承担连带赔偿责任的,可以向雇员追偿"的规定,兴某利公司应当对韩某富的死亡承担赔偿责任。正是兴某利公司依法应当对韩某富承担赔偿责任,责任保险的赔付条件才成就,而如前所述,这种保险金最终保障的是第三者,故兴某利公司在未对韩某富承担赔偿责任的情况下,应当将自保险公司领取的保险金支付给韩某富的近亲属。而这种支付只不过是其履行其依法应当承担的赔偿责任的一种形式而已。

## （二）工伤保险的赔付不影响兴某利公司承担责任险中所约定的赔偿责任

在本案事故发生后，工伤保险部门对韩某富的赔偿，是以韩某富与兴某利公司之间的劳动关系为基础的。在工伤保险法律关系中，法律关注的是雇员因从事雇佣活动遭受损害这一结果事实，而不是造成损害的原因及雇主过错，这也是雇主责任与侵权责任的重要区别。工伤保险制度设立的初衷是强化对劳动者的社会保障，即通过强制用人单位缴纳工伤保险基金的形式，对发生工伤事故的劳动者进行救济，避免劳动者在因公致伤的情形下因用人单位无力赔偿而陷于困境。用人单位为劳动者缴纳工伤保险基金，属于其法定义务和应承担的社会责任。即使其为职工购买了商业保险，也不能免除其缴纳工伤保险基金的义务。对于劳动者而言，其有权因工伤获得工伤保险这一待遇。用人单位基于工伤保险这一制度得以免除赔偿责任，只不过是一种附带的客观效果而已，当然也可以理解为其因缴纳工伤保险基金而获得的一种保险利益，这恰恰也是集合社会力量分散企业责任的一种法定的有效方式，亦是最高人民法院《关于审理人身损害赔偿案件若干问题的解释》第十二条第一款关于"依法应当参加工伤保险统筹的用人单位的劳动者，因工伤事故遭受人身损害，劳动者或者其近亲属向人民法院起诉请求用人单位承担民事赔偿责任的，告知其按《工伤保险条例》的规定处理"规定的理论和现实基础之所在。但上述规定，并没有否认雇主在工伤情形下对雇员的赔偿责任是一种自己责任。如果雇主没有为雇员交纳工伤保险，其仍然要基于双方之间的雇佣关系向雇员承担赔偿责任。

而在本案的责任保险法律关系中，兴某利公司对韩某富所负的赔偿责任，并不是基于其与韩某富之间的雇佣关系，而是其与殷某民之间的雇佣关系。本案中，驾车发生交通事故致使韩某富死亡的是殷某民，即在交通事故人身损害赔偿这一法律关系中，侵权行为的主体是殷某民，按照侵权关系的正常责任逻辑，承担侵权责任的主体也应当是殷某民。只不过由于殷某民系兴某利公司的雇员，交通事故发生在其从事雇佣活动中，根据最高人民法院《关于审理人身损害赔偿案件若干问题的解释》第九条第一款的规定，该侵权赔偿责任转由雇主兴某利公司承担，即兴某利公司需要承担的是雇主责任。而根据民法理论关于雇主责任的通说，雇主责任系一种替代责任，即系雇主替雇员承担责任，而不是雇主本身的责任。也就是说，高某英等人在本案中请求兴某利公司承担的责任，本来是殷某民应当承担的侵权赔偿责任，只不过由于殷某民与兴某利公司之间具有雇佣关系而转由兴某利公司承担。

由于在责任保险关系中兴某利公司承担的责任性质实质上系侵权责任，而之前的工伤赔付属于劳动关系和社会保障制度的范畴，两者的责任性质、规范基础和制度功能有着本质的区别，无法相互吸收，亦不相互排斥，故工伤保险金的赔付并不能免除兴某利公司在责任保险的赔偿责任。承保责任保险的人保青岛市北一公司在韩某富已得到工伤保险赔付的情况下，依然向兴某利公司赔付了涉案责任保险的保险金的事实，亦可以证明工伤保险关系的存在不影响责任保险关系中的权利义务内容。

（三）兴某利公司不将涉案责任保险赔偿金支付给韩某富的近亲属，违反保险法的基本原则

从性质上讲，车上人员责任险属于财产保险的一种，从保险法基本原则的角度分析，财产保险最基本的原则之一为损失填补原则，又名损失补偿原则。即保险事故发生后，保险人履行给付义务旨在弥补被保险人因承保危险发生所失去的利益，被保险人不能因保险给付义务的履行而获得额外利益。损失填补原则贯穿于保险法立法、司法以及从当事人订立到履行保险合同的整个过程中，是一项基本准则，其最基本的宗旨就是被保险人不能因保险赔偿而获利。本案保险事故发生后，兴某利公司已经自人保青岛市北一公司处领取了本案的车上人员责任险保险赔偿金。但是，高某英等人仅在事故发生后自社会保障部门领取了工伤保险待遇，兴某利公司并未因本案交通事故对高某英等人承担赔偿责任，也就是说，兴某利公司并未因本案交通事故产生损失。在兴某利公司领取保险金之

后，如果其不赔偿高某英等人，则会构成实质上的获利，明显与上述原则相悖，亦与前述的责任保险最终保障不特定第三者的保障功能相悖。

（四）终审判决认为车上人员责任险的投保本身是一种投资理财方式、系为投保人自己谋取利益，属对责任保险的性质与功能的错误理解

如前所述，责任保险以被保险人依法应负的赔偿责任为保险标的，在被保险人承担赔偿责任后，保险金可以起到补偿被保险人损失的作用，被保险人向第三人承担赔偿责任造成其自己的财产损失，是其可以申请保险公司赔付保险金的必要条件。而责任保险之保险标的的特殊性决定了保险公司无法在订立保险合同时判断将来被保险人有可能向第三者承担多少数额的赔偿义务，进而对于个案的保险风险无法作出准确判断，因此，对于责任保险而言，不存在保险价值的概念，不存在超额保险的概念，只存在保险责任限额即保险金额的概念。这种运作机理就决定了被保险人不可能因为保险金的赔付而获得积极利益。因为，对于被保险人而言，最好的结果也只能是其赔偿责任的数额低于或等于保险金额，这样，其就可以通过责任保险完全转移其对于赔偿责任的承担。当然，在其赔偿责任数额低于保险金额的情况下，其能向保险公司请求的数额只能限定为其赔偿的数额，而非保险金额。而如果其依法应当承担的赔偿责任数额高于保险金额，其也只能自保险公司获得保险金额，高于保险金额的部分仍应由其自己承担赔偿责任。故在责任保险中，保险人不应有为自己获取利益之可能，这也就意味着投保责任险不会是一种投资理财方式。终审判决认为"兴某利公司作为投保人，按合同足额交付保险金，其目的并非为了给车上人员增加一份社会劳动保险及工伤保险之外的另一份保险利益，而是为了一旦出险，尽可能地减小自己的风险，为自己谋取利益"，实属对责任保险性质和功能的一种错误理解。

基于以上分析，兴某利公司应当承担对韩某富的赔偿责任，其作为保险合同的被保险人，虽对保险金具有请求权，但并不能享有

所有权。高某英等人请求其返还自保险公司领取的保险金，只不过是请求其承担赔偿责任的另一种表达，终审判决不予支持，属适用法律确有错误。

## 六、需要说明的其他情况

原审原告韩某珍（韩某富之父）已于2011年6月11日死亡，其法定继承人书面向我院表示放弃对本案进行申诉。

综上所述，山东省高级人民法院〔2009〕鲁民提字第230号民事判决适用法律确有错误。根据《中华人民共和国民事诉讼法》第二百条第六项、第二百零八条第二款的规定，提请你院向最高人民法院提出抗诉。

山东省人民检察院
2016年3月3日

## 文书十四 上海市闵行区人民检察院关于潘某华确认合同无效纠纷案提请抗诉报告书

# 潘某华与陆某林等合同纠纷提请抗诉案

1984年3月,陆某林经单位分配取得上海市闵行区莘松一村5号504室房屋,即本案系争房屋。2001年8月,陆某林、陈某凤和陆某萍(陈某凤系陆某林爱人,陆某萍系两人女儿)与潘某华签订《上海市房地产买卖合同》,将系争房屋出售给潘某华。2001年10月22日,陆某林、陈某凤和陆某萍通过购买公有住房的形式,取得了系争房屋所有权。陆某林、陈某凤和陆某萍于2016年10月诉至闵行区人民法院称,2001年1月起,陆某林经营快餐业务,期间结欠潘某华货款6000元。2001年8月,陆某林以系争房屋做抵押,向潘某华借款58000元,加之先前欠付的货款6000元,共计向潘某华出具了64000元的借条。同时,陆某林与潘某华签订《上海市房地产买卖合同》,用以完成抵押。陆某林认为,其与潘某华签订房屋买卖合同系以合法形式掩盖非法目的,双方真实意思系借款与抵押,潘某华并未实际支付购房款,陆某林等亦未实际向潘某华交付系争房屋,且系争房屋由陆某林一家居住至今,故请求判决确认陆某林与潘某华房屋买卖合同无效。潘某华未到庭答辩,亦未向法院提供书面证据。

2015年12月4日,闵行区人民法院作出〔2015〕闵民五(民)初字第1595号民事判决,认定无效合同。潘某华不服一审判决,向上一级法院申请再审。2016年8月19日,上海市第一中级人民法院驳回潘某华再审申请。2016年10月24日,潘某华向闵行区人民检察院申请监督。闵行区人民检察院经审查,认为原审判决认定案件的基本事实缺乏证据证明，诉讼程序违法，适用法律错误，于 2017 年 1 月 18 日向上级检察机关提请抗诉。上海市人民检察院第一分院审查后向上海市第一中级人民法院提出抗诉。上海市第一中级人民法院指令闵行区人民法院再审。2017 年 9 月 26 日，闵行区人民法院作出再审判决，认定合同系双方真实意思表示，应属有效。撤销该院〔2015〕闵民五（民）初字第 1595 号民事判决；驳回陆某林、陈某凤、陆某萍的诉讼请求。该案再审改判后，陆某林向上海市第一中级人民法院提出上诉，期间，与潘某华和解，双方未就该问题另起争执。

承办检察官：上海市闵行区人民检察院　张　斌
　　　　　　　　　　　　　　　　　　　赵惠琳

# 上海市闵行区人民检察院
# 提请抗诉报告书

沪闵检民（行）监〔2016〕31011200007号

上海市人民检察院第一分院：

潘某华因与陆某林、陈某凤、陆某萍确认合同无效纠纷一案，不服上海市闵行区人民法院（以下简称闵行区法院）〔2015〕闵民五（民）初字第1595号民事判决，向本院申请监督。本案现已审查终结。

## 一、当事人基本情况

申请人（一审被告、再审申请人）潘某华，男，1959年10月26日出生，汉族，户籍地上海市闵行区莘松三村＊号＊＊＊室。

委托代理人王司南，上海源法律师事务所律师。

其他当事人（一审原告、再审被申请人）陆某林，男，1955年11月7日出生，汉族，住上海市闵行区莘松一村＊号＊＊＊室。

其他当事人（一审原告、再审被申请人）陈某凤，女，1956年9月4日出生，汉族，住上海市闵行区莘松一村＊号＊＊＊室。

其他当事人（一审原告、再审被申请人）陆某萍，女，1982年12月26日出生，汉族，住上海市闵行区莘松一村＊号＊＊＊室。

## 二、诉讼过程和法院历次审理情况

2015年6月30日，陆某林、陈某凤、陆某萍诉至闵行区法院称,陆某林与陈某凤系夫妻关系,陆某萍系他们的女儿。1984年3月4日,陆某林经单位分配取得上海市闵行区莘松一村*号***室房屋,即本案系争房屋,以公房性质居住,权利人为陆某林、陈某凤和陆某萍以及案外人李某珍。李某珍已于2000年1月4日过世。2001年1月起,陆某林经营快餐业务,期间结欠潘某华货款6000元。2001年8月,经案外人徐某介绍,陆某林以系争房屋做抵押,向潘某华借款58000元,加之先前欠付的货款6000元,共计向潘某华出具了64000元的借条。同时,陆某林与潘某华签订《上海市房地产买卖合同》一份,用以完成抵押。2001年10月22日,陆某林、陈某凤和陆某萍通过购买公有住房的形式,取得了系争房屋所有权。陆某林认为,其与潘某华双方以合法形式掩盖非法目的,双方真实意思系借款与抵押,潘某华并未实际支付购房款,陆某林、陈某凤和陆某萍三人亦未实际向潘某华交付系争房屋,且系争房屋由陆某林、陈某凤和陆某萍居住至今,故陆某林、陈某凤和陆某萍诉至法院,要求判令:确认陆某林与潘某华2001年9月18日签订的关于上海市闵行区莘松一村*号***室房屋的《上海市房地产买卖合同》无效。

潘某华未到庭答辩,亦未向法院提供书面证据。

闵行区法院于2015年12月4日作出〔2015〕闵民五(民)初字第1595号民事判决。该院一审查明,陆某林与陈某凤系夫妻关系,陆某萍系陆某林与陈某凤的女儿。1984年3月4日,上海市家用电器公司将本案系争房屋交包括陆某林在内的五人居住。2001年9月18日,陆某林(出卖人)与潘某华(买受人)签订《上海市房地产买卖合同》一份,约定,陆某林将上海市闵行区莘松一村*号***室房屋出售给潘某华,房地产转让价款70000元,潘某华应于2001年10月18日前支付全部转让款。陆某林于2001年9月25日前腾出该系争房屋并交付潘某华。合同附件五记录,"已购公房参加房改购房时的同住成年人意见:同意出售上述房屋",合同附件落款处盖有陆某林、陈某凤的印章。买卖合同落款处,陆某林与潘某华签章确认。2001年10月22日,系争房屋产权登记至陆某林名下,同年11月23日,系争房屋产权登记至潘某华名下。2014年8月4日,系争房屋产权被登记注销。

一审另查明,系争房屋由陆某林、陈某凤和陆某萍居住使用至今,且陆某林、陈某凤和陆某萍户籍登记于系争房屋内。

该院一审认为,《中华人民共和国合同法》第五十二条明确规定,"有下列情形之一的,合同无效:……(二)恶意串通,损害国家、集体或者第三人利益;(三)以合法形式掩盖非法目的;……(五)违反法律、行政法规的强制性规定。"本案中,系争房屋产权虽过户登记至潘某华名下,但综合考量本案之客观情况:第一,陆某林与潘某华签订买卖合同之时,陆某林并未实际取得系争房屋之所有权;第二,潘某华并未实际向陆某林支付购房款,而买卖合同签订之前,陆某林结欠潘某华货款,并由陆某林一人以买卖形式处分了系争房屋,并不排除双方确实具有借款抵押之真实意思表示;第三,陆某林、陈某凤和陆某萍实际居住使用系争房屋至今,陆某林并未实际向潘某华交付系争房屋,在长达15年期间内,潘某华亦未提出异议;第四,陆某林、陈某凤和陆某萍三人的户籍信息一直登记于系争房屋内,潘某华从未提出异议。因此,陆某林与潘某华签订《上海市房地产买卖合同》,并非真实的房屋买卖意思表示,而仅是系争房屋虚假买卖之行为,违反了上述《中华人民共和国合同法》之相关规定,双方签订的合同应为无效合同,自始不具有法律效力。故陆某林、陈某凤和陆某萍要求确认陆某林与潘某华签订关于上海市莘松一村＊号＊＊＊室房屋的《上海市房地产买卖合同》无效,予以支持。关于案件受理费,涉案《上海市房地产买卖合同》无效,系陆某林与潘某华之行为所致,理应由其各半负担本案诉讼费。潘某华经法院合法传票传唤,无正当理由拒不到庭参加诉讼,应视为其放弃相应的诉讼权利,由此产生的民事责任由其自行承担。据此,依照《中华人民共和国合同法》第五十二条、最高人民法院《关于适用〈中华人民共和国民事诉讼法〉的解释》第九十条,《中华人民共和国民事诉讼法》第一百四十四条之规定,判决如下:确认陆某林与潘某华于

2001年9月18日签订的关于上海市闵行区莘松路一村＊号＊＊＊室房屋的《上海市房地产买卖合同》无效。

潘某华不服一审判决，向上海市第一中级人民法院（以下简称一中院）申请再审称，1.一审法院在未穷尽民事诉讼法所规定的送达程序，直接采用公告送达，违反法律规定，剥夺了当事人的辩论权利。2.有新的证据足以推翻一审判决。3.一审判决适用法律错误。涉案房屋买卖合同系双方真实意思表示且不涉及损害第三人利益、不存在任何违反法律、法规的强制性规定。据此，依照《中华人民共和国民事诉讼法》第二百条第一、六、九项之规定，请求撤销一审判决，裁定再审。

陆某林、陈某凤和陆某萍提交答辩意见称，一审认定事实清楚，适用法律正确，请求驳回潘某华的再审申请。

一中院于2016年8月19日作出〔2016〕沪01民申217号民事裁定。认为：1.关于诉讼文书等的送达程序是否合法。一审采用特快专递向潘某华的户籍地邮寄送达诉讼文书，因"原址查无此人"而送达未果，遂采取公告送达，符合法律规定。潘某华就一审送达程序违法所持异议，依法不能成立。2.关于涉案《上海市房地产买卖合同》的效力问题。一审法院鉴于本案查明的事实，认定该买卖合同无效，于法不悖，所作判决并无不当。潘某华就该合同应认定为有效的主张，与本案查明的事实不符，所持异议依法不能成立。3.关于涉案《上海市房地产买卖合同》的履行情况。潘某华称其已按约向陆某林支付了购房款，但未提供证据佐证；潘某华于本案审查中提供的证据，并不足以证明陆某林已将涉案房屋交付使用。其中房屋治安责任书和房屋租赁治安许可证并不能证明其实际已将该房屋对外出租的事实，故不予采信。综上所述，潘某华的再审申请不符合《中华人民共和国民事诉讼法》第二百条第一、六、九项规定的情形。依照《中华人民共和国民事诉讼法》第二百零四条第一款，最高人民法院《关于适用〈中华人民共和国民事诉讼法〉的解释》第三百九十五条第二款之规定，裁定如下：驳回潘某华的再审申请。

潘某华不服再审裁定,向检察机关申请监督。

## 三、申请监督理由及其他当事人意见

申请人潘某华向检察机关提出监督申请,认为:1. 闵行区法院在无任何证据证明的情形下,认定陆某林与潘某华签订的《上海市房地产买卖合同》不排除双方确有借款抵押之真实意思表示,显然缺乏证据支持。签约后,双方业已履行了合同,法院对潘某华已付购房款之事实未予认定,显属不当。此外,根据申请人提供的房屋租赁凭证和其他诉讼案件的庭审笔录等新证据可以证明陆某林已向潘某华交付了系争房屋的占有使用权,潘某华接收系争房屋之后实际用于对外出租经营,法院认定系争房屋自始由被申请人陆某林一家居住使用至今,从未交付给潘某华使用的事实与客观事实不符。2. 闵行区法院未穷尽法律规定的相关送达方式,直接采用公告送达的方式,违反了法律规定,剥夺了申请人的辩论权利。3. 双方之间签订的《上海市房地产买卖合同》不存在《中华人民共和国合同法》第五十二条规定的情形,闵行区法院在法律适用上存在明显错误,导致判决结果错误。要求检察机关查清案件事实后,向法院提出抗诉。

被申请人陆某林、陈某凤和陆某萍共同答辩称:闵行区法院采用特快专递向潘某华的户籍地邮寄送达诉讼文书,因"原址查无此人"而送达未果,遂采用公告送达,符合法律规定。双方签订的涉案《上海市房地产买卖合同》名为买卖实为借款抵押之真实意思,潘某华实际并未支付购房款,陆某林及其家庭成员亦未向潘某华交付系争房屋,双方属于虚假买卖之行为,法院认定为无效合同,合法有据。潘某华混淆是非,以达到侵占陆某林房产的目的。要求检察机关驳回潘某华的监督申请,依法作出不支持监督申请的决定。

## 四、检察机关审查认定的事实

经审查,2015 年 7 月 7 日,闵行区法院根据陆某林起诉时提供的地址将起诉状副本、应诉通知书、开庭传票等诉讼文书通过EMS邮政快递方式寄送至上海市闵行区莘松三村＊号＊＊＊室向潘某华送达法律文书，邮局投递一次后，以"原址查无此人"为由退回法院。闵行区法院遂于2015年8月3日以"因无法向你送达有关法律文书"为由，采用公告方式向潘某华送达民事起诉状副本及开庭传票等法律文书。此外，在本案法院2015年11月18日庭审审理中，法院询问陆某林："原告签订买卖合同是为了抵押有无证据？"陆某林答复称："除了证人证言，无其他证据。"

陆某林曾于2009年11月2日向闵行区法院提起诉讼，要求确认本案系争《上海市房地产买卖合同》无效，确认双方的行为为抵押行为。闵行区法院受理后以〔2009〕闵民三（民）初字第2543号房屋买卖合同纠纷一案立案审理。在陆某林向法院递交的起诉状中明确载明潘某华的手机联系号码为：139163668＊＊，闵行区法院向潘某华的居住地上海市闵行区莘松三村＊号＊＊＊室送达诉讼文书，由潘某华予以签收，并由潘某华委托上海新闵律师事务所律师杜关福、胡云华到庭应诉。在该案2009年12月2日的庭审审理过程中，陆某林陈述"当时我和潘某华约定（房屋）只能出租而且不能改变装潢，剩下18000元是给了钥匙之后他给我的，我也写了欠条"，法院询问陆某林"交付房屋后你居住何处？"陆某林答复"租住房屋。"2010年1月11日，陆某林以需要收集新证据为由向法院申请撤回该案的诉讼。

2001年11月15日，上海市税务局闵行区分局向潘某华开具了上海市个人房屋出售发票一张，出售房屋地址为莘松一村＊号＊＊＊室，售房金额为人民70000元等。2008年6月27日，潘某华的户籍迁入系争房屋内。

2010年1月11日，上海莘庄投资经营有限公司与潘某华签订《上海城市居住房屋拆迁补偿安置协议》一份，约定，潘某华所有的房屋坐落于莘松一村＊号＊＊＊室，建筑面积50.70平方米，安置房屋坐落于沁春路1366弄＊＊号＊＊＊室，潘某华应当在2010年4月30日前搬离原址等。2014年8月4日，系争房屋产权被登记注销。2014年8月22日，上海莘庄投资经营有限公司起诉至闵行区法院，要求判令潘某华履行《上海城市居住房屋拆迁补偿安置协议》，并交付本案系争莘松一村＊号＊＊＊室房屋，判令陆某林、陈某凤、陆某萍从上述房屋迁出等。

在本院监督审查期间，从上海市闵行区花园学校调取了相关学生名册和学籍卡的原始档案资料，其中记载了自2005年入学至2009年在该校就读的2009届学生王某杰的父母王某伟及应某玲在其子女的学生名册上填写的居住地址为本案系争房屋莘松一村＊号＊＊＊室。此外，潘某华购取本案系争房屋后曾于2002年4月19日至相关部门办理了房屋租赁治安许可证和房屋租赁治安责任书等租赁手续。

### 五、提请抗诉理由

本院认为：闵行区法院认定案件的基本事实缺乏证据证明，诉讼程序违法，且适用法律确有错误。理由如下：

（一）生效判决认定本案系争《上海市房地产买卖合同》非双方当事人真实意思表示，而仅是虚假房屋买卖之行为，应为无效合同，属认定案件的基本事实缺乏证据证明

首先，陆某林提出诉讼要求认定买卖合同无效的理由是双方之间存有民间借贷关系，双方签订的《上海市房地产买卖合同》项下的系争房屋实际用于借贷的担保抵押物，而非买卖标的物，双方之间不具有真实的房屋买卖的意思表示。根据最高人民法院《关于民事诉讼证据的若干规定》第七十六条规定，当事人对自己的主张，只有本人陈述而不能提供其他相关证据的，其主张不予支持，但对方当事人认可的除外。经审查，陆某林对其提出的其与潘某华之间存有借款关系的事实主张没有提供借款协议、借据以及还款凭证等证据加以证明，至于陆某林所提供的证人证言因真实性无法确认，法院亦未予采信。陆某林本人所作的单方陈述意见，不足以证明其所提出的双方之间存有民间借款关系的事实主张成立。而

且，在双方签订的《上海市房地产买卖合同》中未涉及系争房屋用于借款抵押的意思表示合意的条款内容，双方亦未办理任何不动产抵押担保的相关手续，买卖合同项下的系争房屋产权实际已转移登记至买受人潘某华名下，不符合《中华人民共和国担保法》第三十三条规定的有关抵押担保"不转移财产的占有"的法定条件。因此，生效判决认定陆某林与潘某华之间不排除双方以虚假的房屋买卖合同的形式建立了真实的借款抵押担保关系的情形，属认定案件的基本事实没有证据证实。

其次，双方当事人在《上海市房地产买卖合同》中约定的购房交易总价为人民币70000元。在双方交易往来过程中，陆某林收取了潘某华交付的64000元钱款是双方不争的客观事实，但是，对此笔钱款的性质双方争执不一，陆某林认为其收取潘某华交付的64000元是借款，潘某华认为交付的是本案系争房屋的购房款，但均未提供相应的证据证明。根据最高人民法院《关于民事诉讼证据的若干规定》第七十三条第二款规定，因证据的证明力无法判断导致争议事实难以认定的，人民法院应当依据举证责任分配的规则作出裁判。陆某林对其所收取的系争64000元钱款实为借款的事实主张依法负有举证责任。生效判决认定潘某华无法举证证明已付陆某林购房款，从而认定双方系虚假房屋买卖之行为，违反举证责任分配原则，导致认定案件的基本事实缺乏证据证明。

再次，2001年9月18日，陆某林与潘某华签订《上海市房地产买卖合同》后，根据上海市房地产登记信息资料反映出双方实际已经办理了系争房屋产权的变更登记手续，系争房屋产权已于2001年11月5日转移至潘某华名下，并已发生房屋所有权转移交付的法律效果。而且，在〔2009〕闵民三（民）初字第2543号案庭审审理中，陆某林明确自认系争房屋钥匙交付给了潘某华，其一家在外租住的事实。根据本院调取的上海市闵行区花园学校2009届学生王某杰的学生名册和学籍卡原始档案资料显示，其父母王某伟及应某玲填写的居住地址为本案系争房屋莘松一村＊号＊＊＊室，反映出潘某华购取本案系争房屋后用于出租经营的事实，上述证据与潘某华提供的房屋租赁治安许可证和房屋租赁治安责任书以及陆某林本人所作的自认等证据相佐证,可以证明陆某林实际已向潘某华交付了房屋占有的权利,生效判决认定系争房屋由陆某林一家三口实际居住使用至今,实际未向潘某华交付房屋一节,与客观事实不符。

根据《中华人民共和国合同法》第五十二条规定,有下列情形之一的,合同无效:(一)一方以欺诈、胁迫的手段订立合同,损害国家利益;(二)恶意串通,损害国家、集体或者第三人利益;(三)以合法形式掩盖非法目的;(四)损害公共利益;(五)违反法律、行政法规的强制性规定。本案中,陆某林与潘某华签订的涉案《上海市房地产买卖合同》,不存在双方恶意串通损害国家、集体或第三人利益的事实,也不存在任何非法目的,亦不存在任何违反法律、法规的强制性规定,更无确凿、有效的证据证明合同非双方当事人的真实意思表示,不符合《中华人民共和国合同法》第五十二条规定的五种合同无效情形的适用条件。生效判决认定双方签订的《上海市房地产买卖合同》无效,缺乏事实和法律依据。

(二)闵行区法院违反法律规定送达起诉状副本、应诉通知书、传票等诉讼文书,致使潘某华无法行使辩论权利

根据最高人民法院《关于以法院专递方式邮寄送达民事诉讼文书的若干规定》第六条第二款规定,邮政机构按照当事人提供或者确认的送达地址在五日内投递三次以上未能送达的,通过电话或者其他联系方式又无法告知受送达人的,应当将邮件在规定的日期内退回人民法院并说明退回的理由。本案中,根据陆某林起诉时提供的地址,闵行区法院于2015年7月7日将起诉状副本、应诉通知书、开庭传票等诉讼文书通过 EMS 邮政快递方式向潘某华的户籍地上海市闵行区莘松三村4号＊＊＊室寄送法律文书,邮局投递一次后,以"原址查无此人"为由退回,不符合法律规定的专递方式邮寄送达的相关规定。此外,最高人民法院《关于依据原告起诉时提供的被告地址无法送达应如何处理问题的批复》规定,

人民法院依据原告起诉时所提供的被告住址无法直接送达或者留置送达，应当要求原告补充材料。原告因客观原因不能补充或者依据原告补充的材料仍不能确定被告住址的，人民法院应当依法向被告公告送达诉讼文书。经审查，陆某林曾于2009年持本案系争《上海市房地产买卖合同》，以相同的事实和理由向闵行区法院提起诉讼，陆某林向法院提交的起诉状中明确写明了潘某华的手机联系方式，该电话号码由潘某华使用至今，陆某林未如实告知法院可以联系到潘某华的其他方式。为此，本案不存在陆某林因客观原因不能补充提供其他联系方式的情形，且在本案庭审中，陆某林明确陈述2009年其向潘某华提起过相关诉讼的情况，法院既未要求陆某林补充提供潘某华的电话联系方式，也未主动查询了解当事人参与不同诉讼的相关案件信息，即未穷尽可能送达的其他方式，直接采用公告方式送达，违反最高院司法解释规定的适用公告送达的法律规定的要求。

（三）生效判决适用法律错误

根据《中华人民共和国合同法》第五十四条规定，下列合同，当事人一方有权请求人民法院或者仲裁机构变更或者撤销：（一）因重大误解订立的；（二）在订立合同时显失公平的。一方以欺诈、胁迫的手段或者乘人之危，使对方在违背真实意思的情况下订立的合同，受损害方有权请求人民法院或者仲裁机构变更或者撤销。经审查，在〔2009〕闵民三（民）初字第2543号案件中，陆某林向法院提交的起诉状中提出要求确认买卖合同无效的诉因是，"作为普通的老百姓，从民间的一般认识认为，抵押就是要抵押给他，但不知道法律赋予的真实含义"。本案中，陆某林向法院提交的起诉状中提出要求确认买卖合同无效的诉因是，"潘某华利用陆某林不懂法律急需资金的心态，采用欺诈的方法，以合法形式掩盖非法目的，与其签订了一份买卖合同"，在法院庭审审理中，陆某林再次强调"其基于认识错误以及法律意识淡薄与潘某华签订了买卖合同"。从陆某林提出的诉求和诉因来看，其主张因对自己的行为性质认识错误，导致其在订立合同时作出有瑕疵的意思表示。

根据《中华人民共和国合同法》第五十四条之规定，陆某林依法享有合同撤销权，通过提出撤销请求，从而使合同无效，本案闵行区法院适用《中华人民共和国合同法》第五十二条的规定，作出认定合同无效的判决，显然所适用的法律与案件的性质不符。

综上所述，上海市闵行区人民法院〔2015〕闵民五（民）初字第1595号民事判决书，认定案件的基本事实缺乏证据证明，诉讼程序违法，适用法律错误。根据《中华人民共和国民事诉讼法》第二百条第二项、第六项、第九项、第二百零八条第二款之规定，提请你院向上海市第一中级人民法院提出抗诉。

上海市闵行区人民检察院

2017年1月18日

文书十五　广西壮族自治区武宣县人民检察院关于博宣公司买卖合同纠纷案再审检察建议书

# 广西博宣食品有限公司与柳州华圣糖业发展有限公司合同纠纷再审监督案

广西博宣食品有限公司（以下简称博宣公司）与柳州华圣糖业发展有限公司（以下简称华圣公司）之间有长期业务往来。博宣公司于2009年11月至2010年5月间，分批向华圣公司出售白糖1530吨，总价款731.85万元，华圣公司通过其账户于2009年12月15日支付给博宣公司货款140.25万元，于2010年4月23日支付给博宣公司货款300万元。2010年7月9日，博宣公司向华圣公司发出催收函称：经其公司财务会计核算，华圣公司尚有863.6万元货款未支付。华圣公司起初回函确认其欠博宣公司货款属实但称大部分货款已支付，只欠291.6万元。随后，华圣公司又宣称其所欠博宣公司货款已全部支付，不同意再支付其他款项。因协商未果，2011年4月8日，博宣公司将华圣公司起诉至人民法院，请求法院判令华圣公司支付货款291.6万元，逾期利息5万元。华圣公司答辩称，华圣公司收到白糖1530吨是事实，但是华圣公司已支付给博宣公司738.65万元货款，其中440.25万元是通过华圣公司的账户支付，298.4万元是通过第三人广西糖网公司的账户支付。华圣公司不仅不欠博宣公司的货款，反而是多付了6.8万元，故博宣公司起诉华圣公司要求支付291.6万元及逾期付款利息5万元没有事实和法律依据。请人民法院判决驳回博宣公司的诉讼请求。2011年8月29日，在法院主持下，双方达成协议，武宣县人民法院作出〔2011〕武民初字第298号民事调解书。经查，2010

年 6 月 15 日，原博宣公司销售部经理陈文涛因挪用博宣公司糖款在广西糖网公司进行期货交易并造成博宣公司巨额财产损失，陈文涛畏罪潜逃。同年同月 22 日，武宣县公安局对陈文涛进行立案侦查。2012 年 7 月 17 日，陈文涛到武宣县公安局投案自首。

来宾市人民检察院在办理博宣公司与华圣公司发生的其他讼争纠纷案件中发现，武宣县人民法院〔2011〕武民初字第 298 号民事调解书认定事实不清并已可能对国家利益造成损害，遂将该调解案交由武宣县人民检察院审查。2015 年 7 月 28 日，武宣县人民检察院以民事调解书认定的事实不清，证据不足，且损害国家利益为由，提出再审检察建议。2016 年 4 月 28 日，武宣县人民法院作出再审判决，撤销〔2011〕武民初字第 298 号民事调解书；判令圣华公司支付所欠博宣公司货款并支付逾期利息共计 296.6 万元。

承办检察官：广西壮族自治区来宾市人民检察院　韦仁伟
　　　　　　广西壮族自治区宣县人民检察院　　　覃　汪

# 广西壮族自治区武宣县人民检察院
# 再审检察建议书

武检民（行）监〔2015〕45132300003 号

武宣县人民法院：

广西博宣食品有限公司与柳州华圣糖业发展有限公司分期付款买卖合同纠纷一案，因不服来宾市中级人民法院〔2012〕来民二终字第 1 号民事判决向来宾市人民检察院申请监督。来宾市人民检察院在对该案的审查中发现，武宣县人民法院〔2011〕武民初字第 298 号民事调解书认定事实不清并已可能对国家利益造成损害，遂将该调解案交由本院审查。本院依法进行了审查。现已审查终结。

2011 年 4 月 8 日，广西博宣食品有限公司（以下简称博宣公司）起诉至武宣县人民法院称，博宣公司分数次向柳州华圣糖业发展有限公司（以下简称华圣公司）出售白糖 1530 吨，价款合计 731.85 万元，现华圣公司仅支付货款 440.25 万元，尚欠货款 291.6 万元，请求法院判决华圣公司支付货款 291.6 万元，逾期利息 5 万元，两项合计 296.6 万元，并判决华圣公司承担本案的诉讼费用。华圣公司答辩称，双方之间有白糖交易往来，华圣公司收到白糖 1530 吨也是事实，但是华圣公司已支付给博宣公司的货款不是 440.25 万元，而是 738.65 万元，这 738.65 万元中有 440.25 万元是通过华圣公司的账户支付，有 298.4 万元是通过第三人广西糖网食糖批发市场有限责任公司（以下简称广西糖网公司）的账户支付。由此可见，华圣公司根本不存在尚欠博宣公司货款的事实，反而是多付了 6.8 万元给博宣公司，故博宣公司起诉华圣公司要求支付 291.6 万元及逾期付款利息 5 万元没有事实和法律依据。请人民法院查明事实真相，判决驳回博宣公司的诉讼请求。

武宣县人民法院于 2011 年 8 月 29 日作出〔2011〕武民初字第 298 号民事调解书。法院调解查明，华圣公司曾向博宣公司购买白糖 1530 吨，价款为 731.85 万元，华圣公司通过其账户于 2009 年 12 月 15 日支付给博宣公司货款 140.25 万元，于 2010 年 4 月 23 日支付给博宣公司货款 300 万元。另外，华圣公司还于 2010 年 2 月 5 日通知广西糖网公司从华圣公司在广西糖网公司处的 003719 会员保证金账户向博宣公司账户汇入款项 298.4 万元。2011 年 7 月 9 日博宣公司向华圣公司发出的催款函称：除已收到的货款 440.25 万元外，华圣公司尚有 863.6 万元货款未支付。华圣公司于 2010 年 7 月 20 日、2011 年 1 月 21 日向博宣公司发出的确认函、对账函均认可收到博宣公司白糖 1530 吨，尚欠货款 291.6 万元。

审理过程中，武宣县人民法院主持双方进行调解，达成如下调解协议：

华圣公司已经从糖网开设的 003719 会员保证金账户向博宣公司的账户汇入 298.4 万元，此款与博宣公司在本案中要求华圣公司支付的货款 291.6 万元及逾期利息 5 万元，共计 296.6 万元相互抵销。抵销后，华圣公司对其在本案中多汇入的款项 1.8 万元不再向博宣公司主张任何权利。

武宣县人民法院认为，上述协议，符合《中华人民共和国合同法》（以下简称《合同法》）第一百三十条的规定，对此予以确认。调解书经双方当事人签收后，即具有法律效力。

本院经审查查明，博宣公司是由武宣县糖厂和英联食品投资（中国）有限公司于 2001 年 9 月 16 日发起设立的中外合资公司，发起人武宣县糖厂属全民所有制企业（国有企业），占有博宣公司 30% 的股份。博宣公司经营业务主要是制糖和食糖销售。华圣公司是一家从事白糖交易的企业，与博宣公司素有业务往来。为了进行白糖期货交易，华圣公司在广西糖网公司开设了账户号为 003719 的期货账户（以下简称 003719 账户）。

2009年11月10日，时任博宣公司销售部经理陈文涛代表博宣公司与广西中北糖业有限公司（以下简称中北公司）签订《食糖销售合同》，合同约定：2009/2010榨季，博宣公司向中北公司销售仙蜜牌一级白砂糖3000吨，价格每吨4100元，货款共1230万元，博宣公司于2010年2月28日前交货完毕。《食糖销售合同》第七条"货款结算方式"约定，"需方（即中北公司）于2009年11月13日前预付1200万元货款汇入甲方（即博宣公司）指定的公司账户，剩余货款待发货完毕后支付。"2009年11月11日，受陈文涛指令，中北公司将1200万元预付货款汇入广西糖网公司（010087会员保证金）账户内。2010年1月4日至2010年2月23日，博宣公司向中北公司发售3000吨白砂糖。

2009年12月25日，应中北公司请求，博宣公司提前向中北公司发售白砂糖1000吨，但陈文涛以博宣公司增值税发票已用完为由，要求将2009年12月25日交货的1000吨白砂糖中的800吨以柳州市中柳物资贸易有限公司（以下简称中柳公司）名义销售给中北公司；将1000吨白砂糖中的200吨以广西国大有限公司（以下简称国大公司）的名义销售给中北公司。同时双方还约定该1000吨白砂糖销售合同不计入3000吨白砂糖销售合同内，3000吨销售合同继续履行。随后，根据陈文涛的授意，国大公司和中柳公司开具增值税发票给中北公司。2010年1月14日，中柳公司给中北公司开具了票号为NO：00393934、NO：003933935、NO：00393936的增值税发票给中北公司。同日，国大公司给中北公司开具了票号为NO：00140986的增值税发票。2010年2月2日，在收到增值税发票后，中北公司将200万元白糖货款汇入中柳公司开设的银行账户（开户行：柳州商业银行柳北支行，账号：7030001520102000＊＊＊＊，用途标注为白砂糖货款），同日，中北公司又将98.4万元白糖货款汇入国大公司开设的银行账户（开户行：工行柳州分行铁路支行，账号：210540401930003＊＊＊＊，用途标注为白砂糖货款）。

2010年2月5日，陈文涛指令中柳公司和国大公司将298.4万元货款汇入华圣公司在广西糖网开设的 003719 保证金账户。其中，中柳公司通过自己开设的银行账户（开户行：柳州商业银行柳北支行，账号：7030001520102000＊＊＊＊，用途标注为 003719 保证金户）将 200 万元货款于当日转入广西糖网公司开设的银行账户；国大公司将 98.4 万元货款汇入广西糖网公司开设的银行账户（其中以国大公司名义及账户汇入 37 万元，以国大公司出纳韦某名义汇入 61.4 万元，银行转账回单均注明用途或摘要为 003719 保证金户）。当天，陈文涛指令华圣公司以退保证金的方式将 298.4 万元从 003719 账户转入博宣公司工行账户。之后，陈文涛将该笔款项作为天津滨海泰达物流公司购糖款进行账目处理，以冲抵其开具"白条"出库单擅自销售白砂糖后形成的应付糖款。

自中北公司与博宣公司销售部经理陈文涛达成白糖销售交易的合同后，博宣公司已分别向中北公司交付共计 4000 吨白糖。其中，2009 年 12 月 25 日，即双方在正式《白糖销售合同》外约定提前交付的 1000 吨白糖已于当天交割完毕，《白糖销售合同》中约定交易的 3000 吨白糖也分别于 2010 年 1 月 4 日（500 吨）、1 月 20 日（1000 吨）、2 月 23 日（1500 吨）交割完毕。

2010 年 6 月 15 日，因挪用博宣公司糖款进行期货交易并造成博宣公司巨额财产损失，陈文涛畏罪潜逃。同年同月 22 日，武宣县公安局对陈文涛进行立案侦查。陈文涛畏罪潜逃期间，2011 年 4 月 8 日，博宣公司以华圣公司拖欠 291.6 万元货款为由将华圣公司诉至武宣县人民法院，遂发生本案诉讼纠纷。2012 年 7 月 17 日，陈文涛到武宣县公安局投案自首。

另查明：陈文涛曾以博宣公司名义向华圣公司借 003719 账户进行期货交易。获得账户后，陈文涛修改了账号密码，从 2009 年 8 月起至其潜逃之日（2010 年 6 月 15 日）止，该账户都由陈文涛操作或授意指令他人。本案所涉 2010 年 2 月 5 日 298.4 万元款项处于陈文涛控制使用 003719 账户期间。

还查明：陈文涛投案自首后，来宾市中级人民法院于 2013 年 10 月 24 日作出〔2013〕来刑二初字第 7 号刑事判决，以该笔款项无白条印证为由认为不能将之计算为陈文涛的挪用数额，对该笔款项没有以挪用资金罪进行定性，但对款项的来源及去向及其所涉其他案件事实没有否认。

本院认为，武宣县人民法院〔2011〕武民初字第298号民事调解书认定事实不清，实体处理错误，华圣公司主张其已支付的298.4万元款项实属中北公司支付给博宣公司的购糖款，该调解书的执行已损害国家利益。理由如下：

## 一、298.4万元款项属于中北公司向博宣公司支付的购糖款

从本案一审时双方争议焦点来看，由于双方对作为交易对象的白糖已交接完毕之事实均无异议，本案争议的关键是作为购货方的华圣公司是否已经向博宣公司全部支付白糖款项。而这又涉及到华圣公司所主张的2010年2月5日298.4万元的来源和去向问题。本院查明，298.4万元款项实属中北公司支付博宣公司的款项而非华圣公司的款项。该款项实际上是广西中北糖业公司于2010年2月2日应陈文涛的要求将该款项汇入广西国大公司和柳州中柳公司的账户后，广西国大公司和柳州中柳公司随后根据陈文涛的要求于2010年2月5日将该款项汇入华圣公司003719账户，在该款项汇入华圣公司账户当天，陈文涛又指令将该款项汇入博宣公司账户。

上述事实，有中北公司与博宣公司食糖销售合同、发货通知单、中北公司复函、中北公司管理层罗某和卢某的证言、中柳公司与国大公司开具的增值税发票、中北公司付款凭证、中柳公司与国大公司的转账凭证、广西糖网公司的财务凭证、华圣公司实际控制人黄某廷在武宣县公安局在侦办陈文涛犯罪行为期间陈述称华圣公司尚欠博宣公司290多万元的陈述等证据相互印证，以上证据已形成完整证据链，足以证实298.4万元款项并非华圣公司所有而是中北公司的款项。

## 二、作为行为的直接实行者，陈文涛对 298.4 万元款项来源和去向有明确确认

陈文涛投案自首后，其在公安机关交待了 298.4 万元款项来源于中北糖业公司。因博宣公司与华圣公司另案民事纠纷，来宾市人民检察院在审查案件期间，经提供上述讯问笔录供陈文涛核实，陈文涛对上述笔录系其真实意思表示予以确认。同时，对武宣县人民法院〔2011〕武民初字第 298 号民事调书涉及的 298.4 万元款项往来情况及其证据材料，来宾市人民检察院亦依法提供案件调解书及诉讼卷宗供陈文涛核实，陈文涛也证实了〔2011〕武民初字第 298 号民事调书涉及的 298.4 万元款项与其在讯问笔录中的供述为同一笔款项的事实。

## 三、298.4 万元款项往来期间处于陈文涛使用华圣公司 003719 账户期间

本案不能仅凭 298.4 万元款项通过华圣公司 003719 保证金账户转账或支取就认定为华圣公司的款项。根据来宾市中级人民法院〔2013〕来刑二初字第 7 号刑事判决已查明事实，陈文涛使用华圣公司 003719 保证金账户未经博宣公司任何授权，实际上是出于其套取博宣公司款项进行期货交易的非法目的使用。从 2009 年 8 月起至 2010 年 6 月陈文涛潜逃期间，华圣公司实际控制人黄某廷将华圣公司 003719 账户提供给陈文涛使用。陈文涛获得账户后，修改了账号密码并进行期货交易，在此期间，相关交易活动，款项的支取虽是以华圣公司名义进行，实际是根据陈文涛的授意或指令进行。

上述事实，有华圣公司实际控制人黄某廷在武宣县公安局的询问笔录中承认，其陈述称，"我公司到目前为止，还欠博宣公司白糖款 290 多万元……不过这 290 多万元是我另一个公司欠的，我的另一个公司是柳州华圣糖业发展有限公司""武宣博宣公司或是糖

网方面要将（钱）从我公司会员号为003719的账户转走，必须要有我公司的委托书才能办理的，否则是不能转钱的。转钱这方面的具体工作是由陈文涛负责的。买得糖以后也是由陈文涛去提货的"。在来宾市中级人民法院〔2012〕来民二终字第1号民事判决（博宣公司诉华圣公司买卖合同纠纷）一案中，华圣公司在其民事上诉状以及其代理人对陈文涛的询问笔录中，均证实了2009年8月起陈文涛借用华圣公司的003719账户在广西糖网进行期货交易直至其出事（2010年6月）的事实。本案审查期间，经检察机关核实，陈文涛亦证实在此期间内003719账户由其单独管理和控制的事实。

因此，结合上述事实，根据最高人民法院《关于民事诉讼证据的若干规定》第七十四条关于"诉讼过程中，当事人在起诉状、答辩状、陈述及其委托代理人的代理词中承认的对己方不利的事实和认可的证据，人民法院应当予以确认，但当事人反悔并有相反证据足以推翻的除外"的规定，应当认定003719账户为陈文涛使用，而账户内的298.4万元款项属陈文涛控制下的款项交易来源于中北公司并用于支付博宣公司白糖款。

**四、华圣公司在本案中据以主张其权利的证据材料不具有关联性**

华圣公司在本案中出具的由广西糖网公司提供的明细分类账显示，国大公司及其出纳韦某、中柳公司于2010年2月5日向博宣公司汇入共计298.4万元款项，但以此主张298.4万元款项属其所有显然不具有证据上的关联性。众所周知，为保障企业的经营自主权，公司制度实行独立财产制和独立责任制，我国《中华人民共和国公司法》第三条规定，"公司是企业法人，有独立的法人财产，享有法人财产权。公司以其全部财产对公司的债务承担责任。"华圣公司、国大公司、中柳公司作为独立法人，有各自独立的资产，华圣公司将国大公司、中柳公司于2010年2月5日向博宣公司汇入298.4万元款项作为自己已向博宣公司付款的凭证，违背了企业独立法人制度，也不符合证据关联性的要求。虽然 298.4 万元款项是陈文涛以华圣公司名义支取，但陈文涛此举与其在使用 003719 账户期间通过华圣公司名义支取或套用其他款项的行为如出一辙，并无二致。如 2009 年 9 月 3 日、9 月 9 日、9 月 17 日、9 月 27 日分别使用华圣公司《支款申请书》的名义向 010087 账户转入 50 万元、120 万元、90 万元、200 万元等，均以华圣公司名义进行。

### 五、本案诉讼时因陈文涛畏罪潜逃无法查清事实

根据本案查明的事实，2010 年 6 月 15 日，因挪用博宣公司糖款进行期货交易并造成博宣公司巨额财产损失，陈文涛畏罪潜逃。同年同月 22 日，武宣县公安局对陈文涛进行立案侦查。2012 年 7 月 17 日，陈文涛到武宣县公安局投案自首。陈文涛畏罪潜逃期间，2011 年 4 月 8 日，博宣公司以华圣公司拖欠 291.6 万元货款为由将华圣公司诉至武宣县人民法院，于是发生本案诉讼纠纷。由于缺少作为犯罪行为的直接实行人陈文涛对相关事实的确认和供述，导致当时案件审理属于真伪不明的状态。事实上，正因为如此，来宾市中级人民法院在审理华圣公司不服武宣县人民法院〔2011〕武民初字第 299 号民事判决上诉一案中，因陈文涛涉嫌刑事犯罪行为正处于侦办中而一度中止审理，在恢复审查后最终以认定事实错误，适用法律不当为由撤销武宣县人民法院〔2011〕武民初字第 299 号民事判决。

根据《中华人民共和国民事诉讼法》第九十三条关于"人民法院审理民事案件，根据当事人自愿的原则，在事实清楚的基础上，分清是非，进行调解"的规定可知，调解虽强调尊重当事人自愿为原则，但也必须建立在基本事实清楚的基础上。本案因诉讼时陈文涛畏罪潜逃，导致案件事实无法查清，应予纠正。

### 六、本案调解结果损害国家利益

根据本案查明的事实，博宣公司是由武宣县糖厂和英联食品投

资(中国)有限公司于 2001 年 9 月 16 日发起成立的中外合资公司,发起人武宣县糖厂属全民所有制企业(国有企业),占有博宣公司 30%的股份。由于该案调解时法院对作为案件基本事实的 298.4 万元款项的来源没有核实清楚,作为付款义务方的华圣公司将中北公司的款项作为自己已向博宣公司付款的款项,导致作为国有企业的武宣县糖厂应得财产收入减少,损害了国家利益。

综上所述,武宣县人民法院〔2011〕武民初字第 298 号民事调解书所认定的事实不清,证据不足,且损害国家利益。经本院检察委员会讨论决定,根据《中华人民共和国民事诉讼法》第十四条、第二百条第二项、第二百零八条第二款以及《人民检察院民事诉讼监督规则(试行)》第八十三条第一款第二项之规定,特提出再审检察建议,请在收到后三个月内将审查结果书面回复本院。

此致
武宣县人民法院

武宣县人民检察院<br>2015 年 7 月 28 日

文书十六　山西省太原市迎泽区人民检察院关于山西省代理商联合会借款合同纠纷案再审检察建议书

# 山西省代理商联合会与中国民生银行股份有限公司太原分行等借款合同纠纷再审监督案

2015年3月26日，中国民生银行股份有限公司太原分公司（以下简称民生银行）向太原市迎泽区人民法院提起民事诉讼，请求判令花某琪、张某莉偿还截至2015年3月18日的贷款本金、罚息共计1603462.9元及到判决生效之日的新增利息及罚息；花某俊、山西大通盛轩物流有限公司、山西省代理商联合会对上述款项承担连带保证责任；各被告承担原告为实现上述债权和担保权利所支付的律师费及本案的诉讼费、保全费。迎泽区法院作出一审判决，支持了民生银行的诉讼请求。

太原市迎泽区人民检察院经审查，认为迎泽区法院存在适用法律确有错误、违反法律规定剥夺当事人辩论权利的违法情形，有新的证据足以推翻原判决。2017年7月13日，迎泽区检察院提出再审检察建议。8月8日，迎泽区法院裁定另行组成合议庭再审，认定原审判决代理商联合会对花某琪案涉债务承担连带保证责任属于适用法律错误，采纳迎泽区检察院再审建议，予以改判。

承办检察官：山西省太原市迎泽区人民检察院　桑丽萍

# 山西省太原市迎泽区人民检察院
# 再审检察建议书

并迎检民（行）监〔2017〕14010600004号

山西省代理商联合会因与中国民生银行股份有限公司太原分行、花某琪、张某莉、花某俊、山西大通盛轩物流有限公司借款合同纠纷一案，不服你院〔2015〕迎民初字第1121号民事判决，向本院申请监督。本院决定受理审查。本案现已审查终结。

本院查明，2014年1月9日中国民生银行股份有限公司太原分公司（以下简称民生银行）与花某琪签订了编号为"109142014003018"的《借款合同》，约定：花某琪向民生银行借款200万元，借款期限共12个月，自2014年1月9日起，至2015年1月9日止；借款用途为山西大通盛轩物流有限公司（以下简称大通公司）经营周转；借款利率为年利率7.38%，逾期利率、罚息利率为在该《借款合同》的贷款利率基础上加收50%；还款方式为按月结息，到期一次偿还本金，每月还款日为15日。2014年1月9日，花某俊与民生银行签订了编号为"D-109142014003018"的《担保合同》，为花某琪在主合同项下的债务提供连带责任保证。2014年1月9日，大通公司与民生银行签订了编号为"D-109142014003018"的《担保合同》，为花某琪在主合同项下的债务提供连带责任保证。2012年民生银行作为甲方与乙方山西省代理商联合会（以下简称代理商联合会）签订了编号为"基金协字第0914-001"的《小微企业互助合作基金合作协议》，代理商联合会作为民生银行小微企业互助合作基金的受托人，以自己的名义将各基金会员委托管理的基金设定最高额质押，用以担保各基金会员在民生银行的债务；2012年8月14日，代理商联合会又作为甲方与乙方民生银行签订了编号为"个高质字第0914-001号"《最高额质押合同》，同意依照该合同的约定以其合法所有的财产为"小微企业互助合作基金"会员在主合同项下的债务提供最高额质押担保，担保期间为2012年8月14日至2014年8月14日。花某琪为代理商联合会小微企业互助合作基金正式成员。代理商联合会作为基金管理人承诺按照上述《小微企业互助合作基金的业务合作协议》《最高额质押合同》的约定履行相应义务。民生银行《小微授信申请表》显示：姓名：花某琪，张某莉，声明（授权）部分内容为"本人申请本贷款有关事宜，本人配偶已经完全知晓并同意以夫妻共同财产予以偿还直至贷款结清"。《中国民生银行个人账户对账单》显示：2014年1月9日民生银行向花某琪发放贷款200万元，并受托支付给山西荣保塑料经销部，根据民生银行提供的《还款计划表》及当事人陈述，截止2015年12月21日，花某琪尚欠原告贷款本金1569931.26元，罚息175397.85元，共计1745329.11元。

另查明，2014年4月1日，代理商联合会（甲方）、山西省小微企业金融服务促进会（乙方，以下简称小微企业促进会）、民生银行（丙方）签订《三方协议》，约定："鉴于甲方作为小微企业互助合作基金（以下简称基金）的管理人以受托管理的基金质押为基金成员在丙方的贷款本息提供担保。现甲方就基金管理人变更事宜，经自愿友好协商，三方达成本协议。第一条：三方一致同意：基金名称由山西省代理商联合会小微企业互助合作基金变更为山西省小微企业发展基金。……第六条：三方一致同意：自甲方将基金项下的互助保证金、风险准备金本息全部转入乙方在丙方开立的活期保证金账户之日时起，甲方将其0914-001号《小微企业互助合作基金业务合作协议》、个高质字第0914-001号《最高额质押合同》项下的全部权利义务概括移转给乙方，基金管理人由甲方变更为乙方。变更之前的债权债务由甲方承担。"2014年4月16日，为保证该基金平稳运行，上述三方又签订了《补充协议》。

该协议约定:"《三方协议》所约定的基金整合将以续授信客户为维度,分批逐次转入发展基金,同时将该部分客户的入会申请、公示回执、缴费凭证(或保证金及风险金明细)、台账等资料一并交予乙方进行统一管理……上述工作须于 2014 年 12 月 31 日前完成。"

又查明,你院在送达诉讼文书时,在未穷尽直接送达、委托送达、留置送达等送达方式的情况下即采用公告送达方式向花某琪、张某莉、花某俊、大通公司、代理商联合会送达应诉通知书、起诉状副本、开庭传票和〔2015〕迎民初字第 1121 号民事判决书。花某琪、张某莉、花某俊、大通公司、代理商联合会均未参加一审庭审。

2015 年 3 月 26 日,民生银行向你院提起民事诉讼,请求判令:花某琪、张某莉偿还截至 2015 年 3 月 18 日的贷款本金、罚息共计 1603462.9 元及到判决之日的新增利息及罚息;花某俊、大通公司、代理商联合会对上述款项承担连带保证责任;各被告承担原告为实现上述债权和担保权利所支付的律师费及本案的诉讼费、保全费。你院一审认为:原告民生银行与借款人及担保人所签订的《借款合同》《担保合同》《小微企业互助合作基金业务合作协议》《最高额质押合同》双方均签字盖章,系合同各方当事人的真实意思表示,且不违反法律、行政法规的强制性规定,系合法有效合同,各方当事人均应依约履行。原告已依合同约定向被告花某琪发放了贷款 200 万元,履行了相应的合同义务。被告花某琪应依约归还本息,但其到期未按约归还,构成违约。依据《小微授信申请表》,被告张某莉应承担共同还款责任;依据《担保合同》《最高额质押合同》,被告花某琪、大通公司、代理商联合会应对此债务承担连带保证责任。原告的诉讼请求具有事实根据与法律依据,法院依法予以支持。原告要求被告承担律师费但未提供充足的证据,该请求不予支持。2016 年 2 月 1 日,你院依照《中华人民共和国合同法》第六十条第一款、第一百零七条、第二百零七条,《中华人民共和国担保法》第十八条、第二十一条,《中华人民共和国民事诉讼法》第六十条第一款、第一百四十四条的规定，作出〔2015〕迎民初字第1121号民事判决，判决：一、被告花某琪、被告张某莉于本判决生效之日支付原告民生银行截止到2015年12月21日的借款本息一百七十四万五千三百二十九元一角一分，及自2015年12月22日起至本判决生效之日本金为一百五十六万九千九百三十一元二角六分按合同约定利率计算的利息、罚息。二、被告花某俊、大通公司、代理商联合会对上述借款本息承担连带保证。三、驳回原告的其他诉讼请求。

本院经审查认为：你院〔2015〕迎民初字第1121号民事判决存在适用法律确有错误、违反法律规定剥夺当事人辩论权利的违法情形，有新的证据足以推翻原判决。理由如下：

## 一、原审判决适用法律确有错误

（一）原审判决确定民事责任明显违背当事人有效约定。根据2014年4月1日代理商联合会、小微企业促进会和民生银行签订的《三方协议》的约定："三方一致同意：基金名称由山西省代理商联合会小微企业互助合作基金变更为山西省小微企业发展基金。自甲方（代理商联合会）将基金项下的互助保证金、风险准备金本息全部转入乙方（小微企业促进会）在丙方（民生银行）开立的活期保证金账户之日起，甲方将其在0914-001号《小微企业互助合作基金业务合作协议》、个高质字第0914-001号《最高额质押合同》项下的全部权利义务概括转移给乙方，基金管理人由甲方变更为乙方。变更之前的债权债务由甲方承担。本协议经三方有权签字人签字并加盖公章/合同专用章之日起生效。本协议由三方于2014年4月1日签署，一式三份，三方各执一份，具有同等法律效力。"

2014年4月16日，为保证该基金平稳运行，上述三方又签订了《补充协议》。该协议约定："《三方协议》所约定的基金整合将以续授信客户为维度，分批逐次转入发展基金，同时将该部分客户的入会申请、公示回执、缴费凭证（或保证金及风险金明细）、台账等资料一并交予乙方进行统一管理。……上述工作须于2014年12月31日前完成。"

上述两份协议是代理商联合会、小微企业促进会和民生银行在自愿基础上达成的,是各方的真实意思表示,并未违反法律和行政法规的相关规定,应当认定为合法有效的合同,各方应当自觉遵守并履行。人民法院也应当尊重当事人的这一有效约定,依法判决由小微企业促进会承担民事责任。

(二)原审判决确定民事责任违反法律规定。原审判决认定"原告中国民生银行股份有限公司太原分行与借款人、担保人所签订的《借款合同》《担保合同》《小微企业互助合作基金业务合作协议》《最高额质押合同》,系合同各方当事人的真实意思表示,且不违反法律、行政法规的强制性规定,系合法有效合同,各方当事人均应当依约履行"。《中华人民共和国担保法》第十四条规定:"保证人和债权人可以就单个主合同分别订立保证合同,也可以协议在最高债权额限度内就一定期间连续发生的借款合同或者某项商品交易合同订立一个保证合同。"第十八条规定:"当事人在保证合同中约定保证人与债务人对债务承担连带责任的,为连带责任保证。连带责任保证的债务人在主合同规定的债务履行期间届满没有履行债务的,债权人可以要求债务人履行债务,也可以要求保证人在其保证范围内承担保证责任。"第十九条规定:"当事人对保证方式没有约定或者约定不明确的,按照连带责任保证承担保证责任。"根据上述规定可见,连带责任保证和最高额保证是法律明确规定的两种截然不同的保证责任承担方式,只有在当事人对保证方式没有约定或者约定不明确的情况下,才能推定按照连带责任保证承担保证责任。在本案申请人与民生银行签订的《最高额质押合同》中,双方明确约定了"甲方(即申请人)同意依照本合同的约定以其合法所有的财产为主合同项下的全部或部分债务提供最高额质押担保",原审就应当依法判决代理商联合会或小微企业促进会承担最高额质押保证责任,而非等同于其他担保人的连带担保责任。否则,即属于适用法律确有错误的违法情形。

## 二、原审法院违反法律规定送达起诉状副本，剥夺了当事人的辩论权利

根据《中华人民共和国事诉讼法》第九十二条的规定："受送达人下落不明或者用本节规定的其他方式无法送达的，公告送达。"由此可见，只有在适用直接送达、委托送达、邮寄送达、留置送达等送达方式不能送达的情况下，才能适用公告送达。最高人民法院《关于适用〈中华人民共和国民事诉讼法〉的解释》又进一步规范："公告送达应当说明公告送达的原因；公告送达起诉状或者上诉状副本的，应当说明起诉或者上诉的要点，受送达人答辩期限及逾期不答辩的法律后果；公告送达判决书、裁定书的，应当说明裁判主要内容，当事人有权上诉的，还应当说明上诉权利、上诉期限和上诉的人民法院。"本案原审案卷中显示，原审法院在邮寄送达不成的情况下，直接采用公告形式向花某琪、张某莉、花某俊、大通公司、代理商联合会送达应诉通知书、起诉状副本和2015年5月27日开庭的通知书。之后，开庭时间改为2016年1月14日，卷宗中也只有向花某俊邮寄送达开庭传票的记录。而且，公告内容也明显不符合上述民诉法司法解释的要求。另外，从民生银行与代理商联合会签订的《小微企业互助合作基金业务合作协议》和《最高额质押合同》可见，申请人代理商联合会的联系电话始终是0351-4053882，前后没有发生过变更。因此可以认定，你院一审送达起诉状副本和判决书时并没有穷尽其他送达方式，其行为违反了法律规定，剥夺了当事人的辩论权利。

## 三、有新的证据，足以推翻原判决

2014年4月1日，代理商联合会、小微企业促进会和民生银行签订了《三方协议》。2014年4月16日，三方又签订了《补充协议》。根据《中华人民共和国合同法》第八条规定："依法成立的合同，对当事人具有法律约束力。依法成立的合同，受法律保

护。"上述《三方协议》和《补充协议》，合同各方均签字、盖章认可，是各方的真实意思表示，且不违反法律、行政法规的相关规定，属于合法有效的合同，各方应当依约履行。依照这两个协议的约定，本案应当承担民事责任的是小微企业促进会，而不是代理商联合会。但民生银行在一审中未依法向法院提供上述两个协议，代理商联合会因你院违法送达诉讼文书而未参加一审诉讼，故亦未向法院提供，导致你院作出代理商联合会承担连带担保责任的错误判决。

综上所述，你院〔2015〕迎民初字第1121号判决适用法律确有错误、违反法律规定剥夺当事人辩论权利，有新的证据足以推翻原判决，依据《中华人民共和国民事诉讼法》第二百条第一项、第六项、第九项、第二百零八条第二款的规定，建议你院依法再审。

请在收到本院再审检察建议后三个月内进行审查并将结果书面回复本院。

此致
太原市迎泽区人民法院

太原市迎泽区人民检察院
2017年7月13日

文书十七　重庆市人民检察院关于李某商品房预售合同纠纷案民事抗诉书

# 李某与某房地产公司商品房预售合同纠纷抗诉案

2009年10月27日,某房地产公司与李某签订商品房预售协议。2010年10月12日,房屋交付使用。该房地产公司一直未取得房屋竣工验收备案登记。2012年9月16日,李某起诉至重庆市秀山土家族苗族自治县人民法院,请求判令房地产公司退还违规收费、支付延期交房违约金、办理房产证、支付逾期办理房产证的违约金、完善安保系统、将现用生活用水一户一表改为一户一证、按双方签订的商品房买卖合同及小区规划设计,交付418平方米社区活动室、小区物业用房200平方米,保障小区东侧位置规划的停车位40多个。

2012年12月19日,重庆市秀山土家族苗族自治县人民法院作出一审判决:一、房地产公司在判决生效后为李某办理房屋产权证;二、房地产公司在判决生效后支付李某逾期办证的违约金;三、房地产公司在本判决生效后将李某现用的生活用水由一户一表改为一户一证;四、驳回李某的其他诉讼请求。李某不服一审判决,向重庆市第四中级人民法院提起上诉。2013年5月14日,该院驳回上诉,维持原判。李某不服二审判决,向重庆市高级人民法院申请再审。2013年12月17日,该院裁定驳回其再审申请。

李某向检察机关申请监督。重庆市人民检察院于2014年12月31日向重庆市高级人民法院提出抗诉。2015年2月26日,重庆市高级人民法院指令重庆市第四中级人民法院再审本案。2015年7

月 21 日，重庆市第四中级人民法院作出再审判决：撤销该院二审判决，维持一审判决第一、二、三项，撤销第四项，判令秀山华信公司于本判决生效后十日内返还李某交易手续费、房地产权证工本费、合同备案登记费，驳回其余诉讼请求。

承办检察官：重庆市人民检察院第四分院　吴　军
　　　　　　重庆市人民检察院　朱振喜

# 重庆市人民检察院
# 民事抗诉书

渝检民监〔2014〕50000000118 号

李某因与秀山华信房地产开发有限责任公司商品房预售合同纠纷一案,不服重庆市第四中级人民法院〔2013〕渝四中法民终字第 00257 号民事判决,向重庆市人民检察院第四分院申请监督,该院提请本院抗诉。本案现已审查终结。

2012 年 9 月 16 日,李某起诉至重庆市秀山土家族苗族自治县人民法院,请求判决秀山华信房地产开发有限责任公司(以下简称秀山华信公司)退还违规收费 2063.45 元;支付延期交房违约金 1950.40 元;办理房产证;支付逾期办理房产证的违约金 12194.72 元(从交房之日 60 日起到起诉之日止),余下违约金金额计算从起诉之日起到领取房产证之日止;完善安保系统;将现用生活用水一户一表改为一户一证;按双方签订的商品房买卖合同及小区规划设计,交付 418 平方米社区活动室、小区物业用房 200 平方米,保障小区东侧位置规划的停车位 40 多个,否则应承担违约责任。

重庆市秀山土家族苗族自治县人民法院于 2012 年 12 月 19 日作出〔2012〕秀法民初字第 03948 号民事判决。该院一审查明,2009 年 10 月 27 日,甲方秀山宜欣房地产开发有限责任公司(现为秀山华信公司)与乙方李某签订《重庆市商品房买卖合同》约定,甲方将其开发经营的中和镇香林北路 1 号 11 幢＊单元＊楼＊号商品房预售给乙方,房价款 189359 元,签订合同时付款 38359 元,余下 151000 元为银行按揭抵押贷款。甲方在 2010 年 6 月 30 日前将商品房交付乙方使用。甲方逾期交房,按日向乙方支付已付房价款万分之一的违约金。如因甲方的责任，未按期向房屋所在地土地房屋登记机构提交办理《房地产权证》的申请，取得土地房屋登记机构出具的登记受理单的，按日向乙方支付已付房价款万分之一的违约金。如因乙方的责任，甲方不承担违约责任。本项目物业管理用房为200㎡，具体位置为：1幢、10幢1层11号、16号。商品房买卖所产生的规费和税费由甲乙双方按规定各自承担。合同附件《交房标准》约定：给水系统，自来水设置一户一表，管道入户；智能化工程系统，包括卡式通用门禁系统，周界红外线对射报警系统，不锈钢折叠大门，道闸侧门。在合同履行中，李某已支付完全部购房款，并向秀山华信公司交纳交易手续费157.82元、工本费10元、合同备案登记费315.63元、抵押登记费80元及上户费1500元，共计2063.45元。

2010年10月12日，秀山华信公司将房屋交付给李某，现已入住使用。秀山华信公司至今未取得《重庆市建设工程竣工验收备案登记证》，也未向法院提交该工程经相关部门验收合格的证据。诉前宜景苑业主多次向秀山华信公司要求解决有关事宜。2012年6月3日，秀山华信国有资产经营有限责任公司《关于对宜景苑一期业主所提问题的答复意见》载明：同意将生活用水改为一户一证，并在7月底前办理完毕，在2012年8月内把业主的房产证办结。因公司自身原因和一些客观原因导致交房时间延期至2010年10月，但就以上时间变动均已书面告知客户，并作了适当经济补偿（仅收水、电、气、闭路上户费1500元/户，实际价格为4960元/户）。李某应交的3460元，秀山华信公司未再收取，而是作为逾期交房支付的违约金。李某要求秀山华信公司完善安保系统，即卡式通用门禁系统，周界红外线对射报警系统，不锈钢折叠大门，道闸侧门，但未举示合法有效的证据证明秀山华信公司安装的安保系统不齐全或者不具备其使用功能。

2009年8月28日，秀山县国土房管局给秀山华信公司核发宜欣－宜景苑（一期）《商品房预售许可证》。2011年1月25日，秀山县环保局批复同意该项目的竣工环境保护验收。2011年8月5

日，秀山华信公司取得宜欣-宜景苑（一期）的建设用地批准书，同年8月30日，取得宜欣-宜景苑一期东区3#楼《建设工程规划许可证》。2011年9月23日，秀山县公安消防大队对A区工程各单项均检查合格，综合评定该工程竣工验收消防备案抽查合格。2012年7月23日，秀山县规划局向秀山华信公司核发《建设工程竣工规划核实确认书》。

2012年4月11日，秀山宜欣房地产开发有限责任公司更名为秀山华信房地产开发有限责任公司。秀山华信公司系秀山华信国有资产经营有限公司的子公司，对其作出的答复意见予以认可。

该院一审认为，李某与秀山华信公司签订的《重庆市商品房买卖合同》及《合同补充协议》系双方协商一致的真实意思表示，其合同内容未违反法律行政法规的效力性强制性规定，应认定为有效合同。

双方在《重庆市商品房买卖合同》第二十二条约定，本商品房买卖所产生的规费和税费应由甲乙双方按规定各自承担。在履行合同中，李某交纳的房屋产权工本费、合同备案登记费、交易手续费等及水、电、天然气、闭路电视安装上户费1500元，共计2063.45元。秀山华信公司已为李某所购的商品房办理了水、电、天然气、闭路电视的安装和上户。根据重庆市物价局渝价〔2006〕753号通知规定，重庆市人民政府从2007年1月1日起，将购房者在房地产开发经营企业购房时应交纳的并由开发商代收的水、电、气一户一表安装费，闭路电视安装费，转移登记费，土地权属调查费，地籍测绘费，房地产权证工本费直接并入商品房住房销售合同中，实行商品房住房销售价格"一价清"制度，商品房"代收费"并入房价后，房地产开发企业不得再以任何名义向购房者收取商品房销售价格之外的任何费用（除大修基金和契税外）。渝价〔2006〕753号通知的出台，让房地产开发商将商品房买受人应当承担的"代收费"直接并入商品房销售价格，意味着在原房价基础上开发商可以适当上涨房价（将"代收费"并入），但不可借机乱涨价，实际上这部分费用仍是商品房购买人承担的购房成本，并不是说这些费用由房地产开发商承担,或者说国家相关部门取消收取。本案中,虽然秀山华信公司在2007年1月1日之后与李某签订《重庆市商品房买卖合同》时没有将购房者在房地产开发经营企业交纳应由其代收的水、电、气一户一表安装费,闭路电视安装费,转移登记费,土地权属调查费,地籍测绘费,房地产权证工本费并入房价中,仍是在商品房销售价格之外向购房人收取"代收费",违反了渝价〔2006〕753号通知的规定,其应承担相应的行政责任,但该行为并不影响双方订立的合同效力。本案中,双方在合同第二十二条明确约定合同项下所产生的规费和税费由甲乙双方按规定各自承担,李某所交纳的费用符合双方的约定,且已依约实际履行,故李某要求秀山华信公司退还违规收费2063.45元的诉讼请求,不予支持。

双方在合同第七条第(一)款第二项约定,秀山华信公司应当在2010年6月30日前,将已进行建设工程竣工验收备案登记的商品房交付李某使用。本案中,秀山华信公司未能按合同约定的交房条件和交房时间交房,且未举示证据支撑其逾期交房系不可抗力造成,故已构成违约,应依法承担违约责任。李某实际接房时间为2010年10月12日,要求秀山华信公司支付的违约金应从2010年7月1日起计算至2010年10月12日止,共计103天,违约金为1950.40元。秀山华信公司未再向李某收取3460元作为对逾期交房的经济补偿,其金额已多于秀山华信公司应当支付的逾期交房违约金。故对李某的该项诉讼请求,不予支持。

本案中,双方在合同第十三条约定,在商品房交付使用之日起60日内,由双方向房屋所在地土地房屋登记机构提出办理《房地产权证》的申请,提交土地房屋登记机构规定的相关资料,并取得土地房屋登记机构出具的登记受理单。双方应相互配合办理商品房产权登记。李某委托秀山华信公司办理的,应在签订本合同10日内,将办理商品房产权登记需由李某提供的资料提供给秀山华信公司。如因秀山华信公司的责任,未能按期向房屋所在地土地房屋登记机构提交办理《房地产权证》的申请,取得土地房屋登记机构出具的登记受理单的,自约定向土地房屋登记机构提交资料并取得登记受理单之日起,至实际提交资料并取得登记受理单之日止,秀山华信公司按日向李某支付已付房价款万分之一的违约金。2012年6月3日,秀山华信国有资产经营有限公司承诺在2012年8月内把业主的房产证办结,该承诺对双方具有约束力。故李某的该项诉讼请求,予以支持。

本案中,秀山华信公司经营开发的房地产未取得房屋竣工验收资料,即使按合同的约定双方或者李某委托开发商申请办理房产证,客观上存在法律上的障碍,亦不被登记机关受理。未能取得受理单是秀山华信公司的责任。因此,秀山华信公司已构成违约,李某诉请秀山华信公司承担延迟办证违约责任的理由成立,予以支持,其违约金的计算方式为从2010年12月12日起至秀山华信公司实际取得房屋登记机构出具的登记受理单之日止,每日以李某交纳的购房款189359元的万分之一计算。

李某要求秀山华信公司按承诺完善安保系统应否支持问题。虽然双方在合同的交房标准第七条约定了安保系统,即智能化工程系统——卡式通用门禁系统,周界红外线对射报警系统,不锈钢折叠大门,道闸侧门。但李某未举示合法有效的证据证明秀山华信公司安装的安保系统不齐全或者不具备其使用功能。因此,李某的该项诉讼请求,不予支持。

李某要求秀山华信公司将现用的生活用水"一户一表"改为"一户一证"应否支持问题。虽然双方在合同交房标准中第四条约定"给水系统,自来水设置一户一表、口径为25mm,管道入户",但2012年6月3日的《秀山华信国有资产经营有限公司关于对宜景苑一期业主所提问题的答复意见》第三条载明:同意将生活用水改为一户一证,并在7月底前办理完毕。根据该答复,秀山华信公司在庭审中对该承诺表示无异议,正在积极向自来水公司申请办理中。因此,该承诺对双方均具有拘束力,秀山华信公司应按照承诺的内容履行相应的义务。故对李某的该项诉讼请求,予以支持。

李某要求秀山华信公司交付物业管理用房,秀山华信公司交付的对象仅为物业管理公司，无合同上和法律上的义务向李某交付，故李某的该项诉讼请求，不予支持。根据最高人民法院《关于审理商品房买卖合同纠纷案件适用法律若干问题的解释》第三条之规定，商品房的销售广告和宣传资料为要约邀请，但是出卖人就商品房开发规划范围内的房屋及相关设施所作的说明和允诺具体确定，并对商品房买卖合同的订立以及房屋价格的确定有重大影响的，应当视为要约。该说明和允诺即使未载入商品房买卖合同，亦应当视为合同内容，当事人违反的，应当承担违约责任。本案中，李某举示的证据系秀山华信公司印制的对小区商品房开发预售的宣传资料。在宣传资料中对小区环境性质量作了一定的说明和允诺，但是根据李某所举示的证据，该说明和允诺均是秀山华信公司对小区共有环境及公共配套设施作出的，且李某未能举证证实该描述对商品房的价格确定产生重大影响，不符合上述司法解释第三条的相关规定。因此，该宣传资料应认定为要约邀请，对双方没有约束力。故对李某的该项诉讼请求，不予支持。

综上，依照最高人民法院《关于民事诉讼证据的若干规定》第五条第二款、《中华人民共和国合同法》第八条、第一百零七条，最高人民法院《关于审理商品房买卖合同纠纷案件适用法律若干问题的解释》第三条，判决：一、秀山华信公司在判决生效后为李某办理房屋产权证（李某应当协助秀山华信公司提供办理房屋产权证应由李某提供的相关资料）。二、秀山华信公司在判决生效后支付李某逾期办证的违约金（从2010年12月12日起至秀山华信公司实际取得房屋登记机构出具的登记受理单之日止，每日以189359元的万分之一计算）。三、秀山华信公司在本判决生效后将李某现用的生活用水由一户一表改为一户一证。四、驳回李某的其他诉讼请求。

李某不服一审判决，向重庆市第四中级人民法院提起上诉，请求撤销第四项判决，改判秀山华信公司退还重复收费2063.45元；支付延期交房违约金1950.40元；按照购房时的承诺完善安保系统；按合同约定及小区规划设计交付合格的社区活动室、小区物业用房、幼托,保障小区东侧位置的停车位及小区右侧的入口架空景观等。

重庆市第四中级人民法院于2013年5月14日作出〔2013〕渝四中法民终字第00257号民事判决。该院二审查明,在双方签订合同之日,李某向秀山华信公司交纳了契税、印花税、合同备案、大修基金、交易手续、抵押登记、工本费;在秀山华信公司向李某交房时,李某向秀山华信公司交现金1500元;2013年2月21日,秀山县国土房管局给秀山华信公司出具了宜欣宜景苑的《业务受理通知单》,该通知单上载明秀山华信公司提交了建设用地批准书、竣工验收合格证、居民身份证复印件。二审查明的其他事实与一审查明的事实相同。

该院二审认为,关于秀山华信公司是否存在重复收费问题。本案中李某主张秀山华信公司应根据《重庆市物价局关于实行商品住房销售价格"一价清"制度的通知》(渝价〔2006〕753号)退还重复收费的项目包括上户费、交易手续费、工本费、合同备案登记费、抵押登记费及相应利息。其中:一、关于规费部分。规费系指经法律法规授权由政府有关部门对公民、法人和其他组织进行登记、注册、颁发证书时所收取的证书费、执照费、登记费等。本案中工本费、交易手续费、合同备案登记费、抵押登记费应属规费。双方签订的《重庆市商品房买卖合同》第二十二条约定"本商品房买卖所产生的规费和税费应由甲乙双方按规定各自承担。"李某依据"一价清"制度要求秀山华信公司返还工本费、交易手续费、合同备案登记费、抵押登记费等规费。一是交易手续费、合同备案登记费、抵押登记费并不属于"一价清"制度规定的内容,且李某没有证据证明交易手续费、合同备案登记费、抵押登记费应由开发商承担,故仅依据"一价清"制度要求秀山华信公司退还交易手续费、合同备案登记费、抵押登记费,本院不予支持;二是工本费虽然属于"一价清"制度中规定直接并入商品住房销售价格之中的内容,但李某签订合同当日向秀山华信公司交纳了工本费等费用,且李某在交纳该工本费后并未对其行使撤销权,根据《中华人民共和国民法通则》第五十九条的规定，李某要求秀山华信公司返还工本费的上诉请求，法院亦不予支持。二、关于上户费等其他部分。李某在购房价款中是否包含了水、电、天然气、闭路电视安装等上户费在合同中的约定并不明确。根据《重庆市物价局关于实行商品住房销售价格"一价清"制度的通知》的规定，水、电、气一户一表的安装收费，闭路电视安装费等上户费本身应由购房者交纳，"一价清"制度只是规定将由房地产开发经营企业代收的水、电、气一户一表的安装收费，闭路电视安装费，转移登记费，土地权属调查费，地籍测绘费，房地产权证工本费直接并入商品住房销售价格之中。从李某签订合同当日向秀山华信公司交纳的契税、印花税、合同备案、大修基金、交易手续、抵押登记、工本费的事实行为来看，即从双方从事的民事行为能力认定双方订立合同时该商品房的房价中并未包含房屋产权工本费、合同备案登记费、交易手续费等及水、电、天然气、闭路电视安装上户费的事实。由此，渝价〔2006〕753号通知并不一定当然适用本案的商品房预售合同，李某主张适用渝价〔2006〕753号通知认为秀山华信公司重复收费没有事实依据，法院不予支持。

关于延期交房违约金是否可以与上户等其他费用相互抵销问题。2012年6月3日《秀山华信国有资产经营有限公司关于对宜景苑一期业主所提问题的答复意见》，秀山华信公司认可答复意见，李某在接房时亦按照该答复意见第七条交纳了抵扣延期交房违约金3460元后的剩余费用1500元的事实，鉴于李某已经实际交纳了1500元的剩余费用，从行为上认同了该答复意见所列之内容，秀山华信公司也未另行向李某收取用于抵扣延期交房违约金的3460元费用，故可认定李某应交的3460元抵扣延期交房违约金的事实成立，由此，李某主张未同意秀山华信公司抵扣的事实不成立，原判以延期交房违约金与上户等其他费用相互抵销并无不当。

关于秀山华信公司是否履行了合同中约定的安保系统问题。秀山华信公司已经按照合同约定将房屋交给李某，李某主张秀山华信公司未履行合同中约定的安保系统应当承担举证责任，李某提供的证据仍不足以证明其诉讼请求，根据最高人民法院《关于民事诉讼证据的若干规定》第二条的规定，原判以证据不足驳回李某该诉讼请求并无不当。

关于秀山华信公司应否按照合同和规划方案对小区现状进行整改问题。由于秀山华信公司已经获得了竣工验收合格证，李某请求秀山华信公司按照合同和规划方案对小区现状进行整改没有事实依据，且社区活动室、小区物业用房、公用停车位等属于小区所有业主共有，其适格主体应是小区业主委员会或者是所有业主，单个业主只能对其享有的专有部分主张权利，李某对该项诉讼请求并不具备适格的主体资格，其该项诉讼请求法院不予支持。

综上，原判认定事实清楚，适用法律正确，依法应予维持。李某的上诉事实和理由不成立。依照《中华人民共和国民事诉讼法》第一百七十条第一款第（一）项之规定，判决：驳回上诉，维持原判。

李某不服二审判决，向重庆市高级人民法院申请再审，其再审请求与二审上诉请求相同。

重庆市高级人民法院于 2013 年 12 月 17 日作出〔2013〕渝高法民申字第 01106 号裁定驳回再审申请。

李某向检察机关申请监督。

本院经调查查明，秀山县规划局于 2012 年 8 月 12 日至 8 月 18 日对宜景苑小区用地红线范围内增加部分围墙的方案设计调整进行了公示。所公示的拟建围墙位置至今未能建成，小区东侧道路进出口处未安装道闸侧门，与街道大路相连相通，也无周界红外线对射报警系统。秀山县国土房管局证明在办理商品房买卖合同备案、预告登记、预告抵押权登记、预售后房屋权属转移登记时，严格执行渝价〔2002〕130 号、发改价格〔2008〕924 号、渝价〔2008〕213 号文件规定的收费项目和标准执行，未收取商品房买卖合同备案登记费。2009 年 1 月 16 日，重庆市人民政府发布《关于重庆市 2009 年行政事业性收费项目的通告》（渝府发〔2009〕13 号），取消了房屋产权证书工本费收费项目，秀山县发改委提供的颁发给秀山县国土房管局的《收费许可证》中房屋权属证书工本费收费项目栏在年审时已作注销处理。

本院审查认定的其余事实与重庆市第四中级人民法院认定的事实一致。

本院认为，重庆市第四中级人民法院〔2013〕渝四中法民终字第00257号民事判决认定的基本事实缺乏证据证明，适用法律错误，且有新的证据足以推翻原判决。理由如下：

### 一、秀山华信公司收取除购房款、契税和大修基金以外的费用违反合同约定及有关规定，属不当得利，应予返还

首先，秀山华信公司与李某已通过合同条款对规费、税费的分担进行了明确约定。双方签订的《重庆市商品房买卖合同》第二十二条载明："本商品房买卖所产生的规费和税费应由甲乙双方按规定各自承担"。根据该条约定的内容，从文义解释的角度，所指"规定"应当包括国家、地方政府及有关部门对商品房交易中涉及规费负担、税费缴纳而出台的一系列法规及政策性文件。所指"各自承担"应当理解为文件中规定应由房地产开发企业承担的就由房地产开发企业承担，应由购房者承担的就由购房者承担。所指"规费"，根据2001年11月7日重庆市人民政府发布的《重庆市商品房价格计算方法暂行规定》第七条第（七）项对"规费"界定为：指按国家和重庆市人民政府规定缴纳的各种行政事业性收费。本案涉及的交易手续费、工本费、合同备案登记费、抵押登记费应属合同中所指的规费。因此，根据该条的约定，在商品房交易中涉及的规费和税费，双方的真实意思应当是按规定该由谁承担就由谁承担。

其次，秀山华信公司代收的交易手续费、合同备案登记费及房地产权证书工本费违反有关规定，缺乏收费依据，属不当得利，应予退还。国家计委、建设部《关于规范住房交易手续费有关问题的通知》（计价格〔2002〕121号）规定，住房交易手续费包括住

房转让手续费和住房租赁手续费。在办理住房交易过程中，除住房转让手续费和住房租赁手续费外，不得以任何名义收取其他费用。新建商品房转让手续费由转让方承担；存量住房转让手续费由转让双方各承担50%。重庆市物价局、重庆市国土房管局《关于转发国家计委建设部关于规范住房交易手续费有关问题的通知》（渝价〔2002〕130号）规定，新建商品住房是指房地产开发企业开发建设，首次出售的商品房；存量住房是指已经首次交易并取得房屋所有权证后，进行再次交易的房屋。由此，秀山华信公司将本应由自己承担的交易手续费转嫁给购房户承担并进行收取的行为违反上述规定，根据《中华人民共和国民法通则》第九十二条的规定，应属不当得利，依法应予返还。

2014年8月14日，秀山县国土房管局向检察机关出具的《关于商品房登记收费有关情况的说明》中证实，在办理商品房买卖合同备案、预告登记、预告抵押权登记、预售后房屋权属转移登记时，严格按照渝价〔2002〕130号、发改价格〔2008〕924号、渝价〔2002〕213号文件规定的收费项目和标准执行。同时也证实未收取商品房买卖合同备案登记费。从这三份文件内容看，没有涉及合同备案登记费收费项目的规定，在秀山县国土房管局的《收费许可证》中也无此收费项目。因此，秀山华信公司在商品房交易中向购房户代为收取的合同备案登记费属虚列收费名目的乱收费行为，秀山县国土房管局并未委托秀山华信公司代为收取该项费用，秀山华信公司也未举证证明已将代收的该项费用交给了有关部门。因此，该笔代收费用也属不当得利。

根据2009年1月16日重庆市人民政府发布的《关于重庆市2009年行政事业性收费项目的通告》（渝府发〔2009〕13号）的规定，房地产权证书工本费已不再作为收费项目，予以了取消。秀山县物价局在2009年5月15日对秀山县国土房管局的《收费许可证》进行年审时已对该收费项目予以了注销。依据这些规定，说明秀山县国土房管局自重庆市人民政府发布通告后已不再收取房地产权证书工本费，也就不可能再委托秀山华信公司代为收取该项费用。二审判决以李某在交纳该工本费后并未对其行使撤销权未支持其该项诉讼请求错误,根据《中华人民共和国民法通则》第五十九条的规定,行为人对行为内容有重大误解或者民事行为显失公平时,才可请求撤销或者变更,而本案双方关于规费的承担约定明确,并不存在重大误解或显失公平,不应适用撤销权之规定。

由上可见,秀山华信公司向李某代收交易手续费、合同备案登记费、房地产权证书工本费,既没有合同上的约定,也无法律上的根据,相反与有关文件政策规定相悖,当属不当得利。原二审以李某没有证据证明交易手续费、合同备案登记费应由开发商承担,以及在交纳工本费后并未行使撤销权为由而不予支持,认定事实和适用法律错误,应予纠正。

最后,秀山华信公司的收费行为违反了"一价清"制度,存在重复收费。一是经重庆市人民政府批准的重庆市物价局《关于实行商品住房销售价格"一价清"制度的通知》(渝价〔2006〕753号文件),已明确从2007年1月1日起签订的购房合同,一律停止收取代收费。所代收的水、电、气一户一表的安装费,闭路电视安装费,转移登记费,土地权属调查费,地籍测绘费,房地产权证工本费直接并入商品住房销售价格之中,实行商品住房销售价格"一价清"制度。该文件虽然不具有法律、行政法规的强制性效力,但作为重庆市的一项地方政策,无疑在重庆市范围内具有拘束力。在双方既没有通过合同明确约定适用"一价清"制度,也没有就该制度中涉及的代收费用由购房户在购房价款以外交纳而作明确表示,作为一项规范房地产交易价格的地方政策,理应被遵守。二是从双方签订的《重庆市商品房买卖合同》第二十二条约定"规费按规定各自承担"的文字表述内容看,渝价〔2006〕753号文件作为对"一价清"制度的专门性文件规定,根据格式合同的理解原则,合同第二十二条中所指规费应当包括"一价清"制度中涉及的规费内容。三是对于本案中的交易手续费、合同备案登记费、抵押登记费,在渝价〔2006〕753号文件中虽然没有明确列明,但根据该文件第四条"商品住房代收费并入房价后,各房地产开发经营企业不得再以任何名义向购房者收取商品住房销售价格之外的任何费用（除税金和大修基金外）"的规定，文件中未列明的收费项目也应属于"一价清"制度中政府明令取消收取的规费名目。对此，《重庆市物价局关于商品住房销售价格有关问题的复函》（渝价函〔2010〕178号）明确规定，如房地产开发经营企业不执行《通知》（指"一价清制度通知"）规定，在房价之外继续向购房者收取代收费，依照《价格违法行为行政处罚规定》第七条第（七）项"对政府明令取消的收费项目继续收费的"条款进行查处。此前公布的《重庆市商品房价格计算方法暂行规定》第七条第（七）项也已明确将"规费"计入商品房价格成本中。由此可见，秀山华信公司在"一价清"制度出台两年多后仍向李某收取除房价、税金及大修基金以外的各项费用，且未举证证明上述费用未计入商品房销售价格成本中的情况下，明显存在重复收费行为。

由上，原二审认定渝价〔2006〕753号通知并不一定当然适用本案的商品房预售合同，李某主张本案适用渝价〔2006〕753号通知认为秀山华信公司重复收费没有事实依据，属适用法律错误。

## 二、原二审将秀山华信公司应当承担的延期交房违约金与李某"应当交纳的剩余3460元上户等费用"进行相互抵销，缺乏事实依据

首先，李某向秀山华信公司交纳1500元费用的事实及行为，并不能说明有抵扣延期交房违约金的意思表示。《秀山华信国有资产经营有限公司关于对宜景苑一期主张所提问题的答复意见》形成于2012年6月3日，而李某已在2010年10月12日接房。从答复意见涉及的内容看，是针对购房户提出的要求开发商承担延期交房违约金和返还接房时交纳的1500元上户费用等问题进行的答复，说明开发商与购房户并没有就延期交房违约金与上户费用进行抵销达成过一致意见，也说明购房户早在答复意见出来之前就已经开始主张权利。实际上，秀山华信公司向购房户收取1500元费用，系

在 2010 年 10 月通知接房时单方面作出的决定，没有证据证明当时提出以放弃收取剩余 3460 元费用作为抵销其应当承担的延期交房违约金的事实，更没有与购房户达成书面的或口头的协议。故原二审认定李某在接房时按该答复意见第七条交纳了抵扣延期交房违约金 3460 元后的剩余费用 1500 元，不符合本案事实。

其次，双方是否互负到期债务，在接房时并未确定。无论是法定或合意抵销，必须是以双方互负债务为基础。秀山华信公司延期交房的违约行为客观存在，应当承担违约责任，对李某负有债务。但因各购房户所买房屋面积的差异、接房时间的不同，承担的违约金金额也显然不相同，有的购房户应当获得的违约金金额远大于抵扣的上户费用的金额，对于抵扣后还有剩余违约金金额的购房户显然不可能同意，从一审对剩余违约金判决予以支付的情况看，也证明了秀山华信公司对各购房户应当享有的具体违约金额并未通过计算进行明确。因此，秀山华信公司主张违约金已抵扣的观点缺乏事实依据。

最后，在买卖合同及补充协议中均没有涉及向李某代收取水、电、气、闭路电视安装费及其金额的约定，且收取的 1500 元费用按"一价清"制度应并入房屋销售价格中。但从诉讼的情况看，是否应执行"一价清"制度，双方存有争议，基于此，李某应否对秀山华信公司负有该项债务是不确定的。

因此，原二审判决延期交房违约金已抵销，属认定事实错误。

## 三、原二审认定李某应对秀山华信公司未履行合同中约定的安保系统工程承担举证责任，属适用法律错误

首先，原二审对举证责任分配错误。双方在《交房标准》第七条明确约定了智能化工程系统包括：卡式通用门禁系统，周界红外线对射报警系统，不锈钢折叠大门，道闸侧门。安保系统作为双方约定的交房标准之一，显然属于开发商在交房前应当履行的合同义务。最高人民法院《关于民事诉讼证据的若干规定》第五条第二款规定："对合同是否履行发生争议的，由负有履行义务的当事

人承担举证责任。"对此,是否已经履行上述合同义务,根据举证责任分配原则,依法应由秀山华信公司承担举证责任。原二审将该项诉讼请求的举证责任分配给购房户李某,适用法律明显错误。

其次,秀山华信公司事实上也未完成合同约定的安保系统工程的安装义务。一是根据规划方案设计,该小区为封闭式小区,在西面的城市规划道路上设人行主入口和南、北侧规划道路设置两个出入口。2012年8月秀山县规划局对方案设计进行调整,对增设围墙的位置用红线进行了标示,并规划在围墙的两端分别设小区南门和小区东门。经现场查看,该小区西面人行出入口设置有不锈钢折叠电动大门,而直通南、北的一条道路,以及增建的小区3栋至东门处的道路既无围墙将小区进行物理封闭,南、北、东三个出入口处也未安装道闸侧门或设置其他隔离设施,因围墙未建立,三个出入口范围内的小区道路两侧均未安装周界红外线对射报警系统,两条道路既无智能化控制管理系统,也无人工管理控制,处于完全开放状态,社会车辆和人员均可无障碍地自由出入,与双方合同约定的交房标准要求不符,给住户的居住安全造成了严重影响。结合一审出示的现场照片,秀山华信公司针对小区地下车库智能化管理需要,于2013年在李某等人申请对本案再审期间,只在车库出入口处设置了直杆道闸及红外对射模块,但对小区的整体安保并不能产生实质性改变,也不属于双方约定的交房标准中的安保系统范畴。在二审庭审中秀山华信公司也承认有一方红外线报警系统没有安装。秀山华信国有资产经营有限公司在回复意见中也明确曾多次组织施工小区围墙,在一审庭审中也出示照片证明将修建围墙的材料运到施工现场,因第三人的阻碍,未能完成。但依据《中华人民共和国合同法》第一百二十一条的规定,第三人的阻碍行为并不能成为免除其违约责任的理由。这些事实,均证明秀山华信公司没有按照约定履行完小区安保系统工程的合同义务。

由上可见,从小区的现有实际状况看,秀山华信公司并未完全履行对安保系统工程的安装义务,其履约行为不符合交房标准约定的条件,违约事实客观存在,李某要求完善安保系统的理由正当,应予支持。

**四、原二审认定李某要求秀山华信公司按照合同和规划方案对小区现状进行整改的诉讼请求,主体不适格,属适用法律错误**

李某作为小区业主,在一、二审中要求秀山华信公司按照合同及小区规划设计,交付社区活动室、小区物业用房、幼托,保障小区东侧位置规划的停车位及小区右侧的入口架空景观。原二审认定单个业主对该项诉讼请求不具备适格主体资格,缺乏法律依据。

首先,根据《中华人民共和国物权法》第七十条和第七十二条的规定,该项诉讼请求范围内的房屋及公用配套设施属小区业主共有,业主对共有部分享有权利,承担义务。李某作为小区业主,认为秀山华信公司在商品房建设中对小区物业用房、车位及其他公用配套设施改变了原有的规划和用途,对小区的使用功能和使用环境造成了影响,侵犯了业主的合法权益,因此李某作为权利的享有者和义务的承担者,依法有权单独提起诉讼。

其次,双方签订的《重庆市商品房买卖合同》第十五条、第十七条和第二十条明确约定了秀山华信公司应当按照批准的规划、设计建设商品房,不得擅自变更;物业管理用房为200平方米,并约定了具体位置。还约定了秀山华信公司不得改变本项目按照规划批准建设的公共建筑和共有设施的用途。作为合同的部分内容,显然涉及双方的权利义务问题,如违反合同约定,作为合同一方的业主理应有权主张权利。

最后,从现有状况看,秀山华信公司确有改变规划及用途的事实。秀山县规划局对规划方案进行审批中已明确小区停车位为156个,其中地上77个,在规划设计总平面图中对规划建设的停车位位置、物业管理用房、社区活动室、幼托用房等均进行了标示。其发布的宣传资料对小区规划环境也有具体明确的说明,虽然没有在合同中进行约定,但客观上已对购房户是否决定签订商品房买卖合同产生了重大影响,故该宣传资料中的部分内容具有要约的性质。

特别是具体明确了小区规划有 3300 平方米的入口景观和中庭景观、亲水主体景观等,还明确了停车位的具体数量,这些都应当属于要约的内容,已直接关系到小区业主的生活居住环境质量。但从现场及照片看,原规划的部分物业管理用房、社区活动室等已作调整,变作他用,规划的小区东侧道路一边的地上停车位也发生了较大调整,实际未建成停车位,小区入口景观等环境规划部分也作了重大改变。由此,秀山华信公司改变小区规划及用途,损害了小区业主的共同利益,李某以业主身份要求整改,符合民事诉讼法规定的起诉条件,其主体资格适格。

综上所述,重庆市第四中级人民法院〔2013〕渝四中法民终字第 00257 号民事判决认定的基本事实缺乏证据证明,适用法律错误,且有新的证据足以推翻原判决。根据《中华人民共和国民事诉讼法》第二百条第一、二、六项、第二百零八条第一款的规定,特提出抗诉,请依法再审。

此致
重庆市高级人民法院

重庆市人民检察院
2014 年 12 月 31 日

## 文书十八　福建省人民检察院关于刘某华医疗纠纷案民事抗诉书

# 刘某华与杨某华等侵权纠纷提请抗诉案

2009年12月13日,杨某华与刘某华因琐事发生纠纷,杨某华推倒了刘某华。刘某华到厦门大学附属中山医院住院治疗,未见明确骨折征象。2010年1月7日双方在派出所主持下达成治安调解协议,杨某华一次性赔偿2000元,刘某华不再追究其他责任。2010年11月,刘某华检查发现腰椎陈旧性骨折并重新住院治疗。2011年9月刘某华起诉要求杨某华赔偿损失。厦门市湖里区人民法院建议刘某华对医疗事故先行处理。经鉴定,刘某华构成九级伤残,腰椎骨折的外伤参与度为100%,厦门大学附属中山医院的医疗过失与刘某华腰椎压缩性骨折演变为粉碎性骨折的损害后果之间存在直接因果关系,参与度为60%-70%。刘某华起诉要求厦门大学附属中山医院和杨某华连带赔偿各项损失19.6万余元、精神损害抚慰金1万元。一审法院判决中山医院赔偿刘某华医疗费、护理费、住院伙食补助费、营养费、交通费、残疾赔偿金、司法鉴定费、精神损害抚慰金共计13万余元,驳回刘某华的其他诉讼请求。刘某华不服,提起上诉。厦门市中级人民法院判决驳回上诉,维持原判。刘某华不服,申请再审。福建省高级人民法院裁定驳回刘某华的再审申请。

刘某华不服,向检察机关申请监督。厦门市人民检察院经审查,认为原判决适用法律确有错误,提请福建省人民检察院抗诉。2017年3月10日,福建省人民检察院向福建省高级人民法院提出抗诉，并派员出席法庭履行职务。2017年12月22日，福建省高级人民法院再审采纳了检察机关的抗诉意见，改判杨某华对刘某华的损失承担30%的赔偿责任，赔偿刘某华各类损失费用共计5.7万余元。

承办检察官：福建省人民检察院　蔡必峰

# 福建省人民检察院
# 民事抗诉书

闽检民（行）监〔2016〕35000000095号

刘某华与杨某华、厦门大学附属中山医院侵权责任纠纷一案，因不服厦门市中级人民法院〔2014〕厦民终字第1号民事判决，向厦门市人民检察院申请监督。该院提请本院抗诉，本案现已审查终结。

2012年1月4日，刘某华向厦门市湖里区人民法院提起诉讼，请求判令厦门大学附属中山医院（以下简称中山医院）、杨某华连带赔偿医疗费100500.36元、护理费8540元、住院伙食补助费4320元、营养费5000元、交通费1000元、残疾赔偿金67636.8元、司法鉴定费9300元及精神损害抚慰金10000元，共计206297.16元。

厦门市湖里区人民法院于2013年8月2日作出〔2012〕湖民初字第378号民事判决。该院一审查明：

一、2009年12月13日8时许，杨某华与刘某华在厦门市湖里区海天路＊＊＊号的楼道因琐事发生纠纷，杨某华徒手推倒了刘某华，刘某华的丈夫王某林因此打了杨某华两巴掌。

二、刘某华被杨某华推倒后，到中山医院湖里综合外科就诊。当日，刘某华在中山医院的X线报告单（片号66915）意见为：L4椎体纵形骨折；L3椎体可疑压缩性骨折；腰椎退行性变、骨质疏松；胸肋骨未见明显骨折等。刘某华于当日在中山医院湖里综合外科住院治疗，入院诊断为：（1）腰3、4椎体骨折；（2）胸前软组织挫伤；（3）腰椎退行性变；（4）高血压病2级；（5）Ⅱ型糖尿病。2009年12月21日，中山医院对刘某华行腰3、4椎体CT平扫检查。2009年12月22日，刘某华的腰3、4椎体CT平扫检查报告单载明（片号92237041）：初步诊断腰3、4椎体退行性改变，未见明确骨折征象。刘某华住院治疗至2009年12月29日出院，出院记录上载明出院诊断为：（1）腰背部、胸前软组织挫伤；（2）腰椎退行性变；（3）高血压病2级；（4）Ⅱ型糖尿病；住院经过为：入院后予卧床休息及促进骨折愈合、止痛等处理，监测血压、血糖，完善相关检查；病情转归为：治愈。该次住院刘某华共花费医疗费用2659.21元。

三、2010年1月7日，就上述纠纷，杨某华与王某林在厦门市公安局湖里分局湖里派出所的调解下，达成如下治安调解协议：（1）双方当面赔礼道歉；（2）杨某华一次性赔付给刘某华医疗费等费用2000元，并已支付；（3）双方不得再因此事向对方追究其他责任或索要其他任何赔偿。杨某华、王某林分别在上述协议上签名。

四、2010年10月30日，刘某华以"发现血糖升高6年"到中山医院湖里综合内科住院治疗，入院诊断为"2型糖尿病，并发；大血管病变；高血压（3级，极高危）；高脂血症（混合型）；左侧腘窝囊肿"。在住院期间的各项检查中，2010年11月13日刘某华的腰椎MRI检查显示：腰椎退行性改变，并L4椎体压缩性改变、L4/5椎间盘突出。2010年11月24日，刘某华的病历记载，外伤性腰4椎骨折及椎间盘突出症（陈旧性），拟手术治疗颈后入路、减压、植骨及内固定术。2010年11月25日中山医院复习刘某华腰3、4椎体平扫旧片（2009年12月21日），初步诊断：（1）腰4椎体骨折；（2）腰3、4椎体退行性改变。刘某华在中山医院湖里综合内科住院治疗至2010年11月30日出院，出院记录中的住院经过载明：患者入院后予降糖、降压、改善微循环、营养神经，并配合针灸、理疗及对症等治疗，病情有所好转，血糖、血压平稳，但仍有右下肢酸痛，考虑与"L4椎体压缩性改变、L4/5椎间盘突出"有关，需行骨科手术治疗以进一步改善等；出院医嘱载明：

门诊随诊，监测血压、血糖，门诊复查血常规、血脂及尿酸，骨科进一步治疗L4椎体压缩性改变等。刘某华该次住院共计31天，医疗费用为10818.42元，其中个人医疗账户支付1393.7元，统筹基金支付9424.72元。

五、2011年2月23日，刘某华到一七四医院骨科住院治疗。经诊断：刘某华腰4椎体陈旧性骨折；腰4-5椎间盘突出；腰椎管狭窄；高血压；糖尿病。2011年3月4日，一七四医院在刘某华全身麻醉下行腰椎管切开减压+椎体间植骨融合内固定术。刘某华住院治疗至2011年4月6日出院，出院医嘱为：带药；定期复查，门诊随访；出院后继续卧床休息；不适随诊。刘某华该次住院共计41天，医疗费用为88895.94元，其中个人医疗账户支付204.88元、统筹基金支付38024.05元、个人支付50667.01元。

六、2011年7月30日及2011年8月6日，刘某华两次到一七四医院复诊检查，分别花费医疗费170元、353元。

七、2011年9月6日，刘某华向湖里区人民法院起诉杨某华（〔2011〕湖民初字第3429号案件），请求判令杨某华赔偿各项损失。湖里区人民法院在审理该案过程中，依法委托福建鼎力司法鉴定中心厦门分所进行相关鉴定。2011年12月9日，福建鼎力司法鉴定中心厦门分所作出〔2011〕临鉴字第700号《关于刘某华伤残等级等的鉴定意见》，鉴定意见为：（1）刘某华住院进行腰椎骨折手术与"L4椎体纵形骨折及L3椎体可疑压缩性骨折"存在直接因果关系，外伤参与度为100%；（2）刘某华的伤残等级评定为IX（九）级伤残；（3）刘某华从一七四医院出院后的护理依赖程度评定为部分依赖护理；（4）刘某华出院后的护理期限评定为100天。刘某华为此花费鉴定费3000元。刘某华于2011年12月19日申请撤诉，湖里区人民法院作出〔2011〕湖民初字第3429号民事裁定，准予刘某华撤回起诉。

八、2012年1月4日，刘某华再次向湖里区人民法院起诉杨某华（〔2012〕湖民初字第375号），请求判令杨某华赔偿医疗费、住院伙食补助费、营养费、护理费、交通费、残疾赔偿金、后续医疗费、司法鉴定费、精神损害抚慰金 185015.76 元。同日，刘某华向湖里区人民法院起诉中山医院、中山医院湖里分院（〔2012〕湖民初字第 378 号），向中山医院、中山医院湖里分院提出相同诉求。2012 年 2 月 10 日，因中山医院表示中山医院湖里分院无独立法人资格、中山医院湖里分院的权利义务由中山医院承担，刘某华撤回对中山医院湖里分院的起诉。2012 年 2 月 14 日，湖里区人民法院作出〔2012〕湖民初字第 375 号民事裁定书，将〔2012〕湖民初字第 375 号案件并入〔2012〕湖民初字第 378 号案件合并审理。

九、本案审理过程中，湖里区人民法院依法委托福建正泰司法鉴定中心鉴定如下事项：（1）中山医院（2009 年 12 月 13 日至 2009 年 12 月 29 日）对刘某华的诊疗行为进行医疗过错鉴定；（2）中山医院的医疗过错与刘某华损害后果的关联性及参与度进行鉴定。2013 年 3 月 15 日，福建正泰司法鉴定中心作出正泰司鉴〔2012〕法临鉴字第 338 号《法医临床司法鉴定意见书》，鉴定意见为中山医院在对刘某华的"腰 4 椎体骨折"的诊断、治疗中存在医疗过失，其上述医疗过失与刘某华的腰 4 椎体压缩性骨折演变为椎体粉碎性骨折的损害后果之间存在直接因果关系，参与度为 60%–70%。刘某华为此花费鉴定费 6300 元。

十、刘某华系厦门市常住人口。

该院认为，本案各方当事人争议的焦点为：刘某华因本案事故造成的损失及赔偿责任承担。

一、刘某华因本案事故造成的损失

本案中，刘某华主张其三次住院治疗、两次复诊，但其 2010 年 10 月 30 日至 2010 年 11 月 30 日在中山医院湖里综合内科住院系治疗糖尿病、高血压等自身内科疾病，该次住院治疗的病患与本案事故不具有关联性，因此对刘某华该次住院的医疗费用及其他费用不予认可。2009 年 12 月 13 日刘某华被杨某华推倒致使腰部受伤后，于 2009 年 12 月 13 日至 2009 年 12 月 29 日期间在中山医院湖里综合外科住院治疗、2011 年 2 月 23 日至 2011 年 4 月 6 日在一七四医院骨科住院治疗及 2011 年 7 月 30 日、2011 年 8 月 6 日在一七四医院的复诊,均与本案事故具有关联性。由于刘某华未主张其 2009 年 12 月 13 日至 2009 年 12 月 29 日期间在中山医院湖里综合外科住院治疗产生的相关费用,该院对其 2011 年 2 月 23 日至 2011 年 4 月 6 日在一七四医院骨科住院手术治疗、两次复诊的相关费用及其损害后果造成的相关损失分析并认定如下:

(一) 医疗费

刘某华主张,其 2011 年 2 月 23 日至 2011 年 4 月 6 日在一七四医院骨科住院治疗花费医疗费 89158.94 元,2011 年 7 月 30 日及 2011 年 8 月 6 日在一七四医院的复诊花费医疗费 523 元,并提供病人费用清单一份、厦门市医疗机构住院收费专用票据一份(金额为 88895.94 元,其中个人医疗账户支付 204.88 元、统筹基金支付 38024.05 元、个人支付 50667.01 元)、购买卫生垫的收款收据一份(金额为 33 元)、购买护腰的发票一份(金额为 80 元)、出院后使用救护车的发票一份(金额为 150 元);厦门市医疗机构门诊收费专用票据两份(金额分别为 170 元及 353 元,合计 523 元)。

经分析认为,根据一七四医院的出院记录,刘某华在一七四医院住院主要治疗的是腰 4 椎体陈旧性骨折,且其医疗费中统筹基金支付的部分系刘某华参加医疗保险的结果,因此,对刘某华在一七四医院住院治疗花费的医疗费 88895.94 元予以确认。杨某华、中山医院对刘某华上述费用的关联性提出异议,但未提供充分的证据,故不予采信。杨某华、中山医院对刘某华在一七四医院复诊的医疗费用 523 元无异议,对此可予以确认。刘某华的伤在腰部,其购买卫生垫、护腰系因病情所需,因此对刘某华购买卫生垫 33 元及护腰 80 元的费用予以确认。救护车系急救所用,刘某华出院使用救护车并无医嘱,因此对刘某华出院后使用救护车的费用 150 元不予认可。综上,刘某华的医疗费用为 89531.94 元 (88895.94 元 + 523 元 + 33 元 + 80 元)。

(二) 护理费

刘某华在一七四医院住院治疗 41 天,福建鼎力司法鉴定中心厦门分所作出的《关于刘某华伤残等级等的鉴定意见》评定，刘某华出院后的护理依赖程度评定为部分依赖护理、护理期限为100天。根据厦门地区的实际情况，刘某华主张住院期间的护理费以70元/天、出院后的护理费以35元/天的标准计算属合理范围，可予以照准。因此，刘某华的护理费为6370元（70元/天×41天＋35元/天×100天）。

（三）住院伙食补助费

刘某华在一七四医院住院治疗41天，参照厦门市国家机关一般工作人员的出差伙食补助60元/天的标准，住院伙食补助费应为2460元（41天×60元/天）。

（四）营养费

刘某华虽未提供医疗机构建议加强营养的证明，但根据刘某华构成九级伤残，且系老年人的实际情况，刘某华主张营养费5000元属合理范围，可予以确认。

（五）交通费

刘某华在一七四医院住院治疗41天及两次复诊必然产生交通费用，刘某华主张交通费1000元属合理范围，对此可予以确认。

（六）残疾赔偿金

根据最高人民法院《关于审理人身损害赔偿案件适用法律若干问题的解释》第二十五条的规定，残疾赔偿金根据受害人丧失劳动能力程度或者伤残等级，按照受诉法院所在地上一年度城镇居民人均可支配收入或者农村居民人均纯收入标准，自定残之日起按二十年计算。但六十周岁以上的，年龄每增加一岁减少一年；七十五周岁以上的，按五年计算。2011年12月9日经福建鼎力司法鉴定中心厦门分所鉴定，刘某华构成九级伤残。刘某华出生于1940年11月16日，其定残时年龄为71周岁；2012年度厦门市城镇居民可支配收入为37576元。因此，刘某华的残疾赔偿金为67636.8元（37576元/年×20%×9年）。

（七）鉴定费

福建鼎力司法鉴定中心厦门分所、福建正泰司法鉴定中心对刘某华进行了相关鉴定,刘某华为此共支付了鉴定费9300元,并提供了相应的票据,对此应予确认。

(八)精神损害抚慰金

精神损害赔偿的性质是对精神损害的物质赔偿,在一定程度上抚慰受害人的精神痛苦,使其痛苦得到一定程度的缓解的财产赔偿。根据刘某华九级伤残的损害后果,其主张精神损害抚慰金10000元属合理范围,故予以确认。

综上,刘某华因本案事故造成的损失为:医疗费89531.94元、护理费6370元、住院伙食补助费2460元、营养费5000元、交通费1000元、残疾赔偿金67636.8元、鉴定费9300元,合计181298.74元,以及精神损害抚慰金10000元。

二、赔偿责任承担问题

根据福建鼎力司法鉴定中心厦门分所的鉴定意见,刘某华在一七四医院住院进行腰椎骨折手术与"L4椎体纵形骨折及L3椎体可疑性压缩性骨折"存在直接因果关系,外伤参与度为100%。根据福建正泰司法鉴定中心的鉴定意见,中山医院在对刘某华"腰4椎体骨折"的诊断、治疗中存在医疗过失,其上述医疗过失与刘某华的腰4椎体压缩性骨折演变为椎体粉碎性骨折的损害后果之间存在直接因果关系。从上述鉴定意见可以看出,2009年12月13日杨某华推倒刘某华后,导致刘某华的腰4椎体骨折,而中山医院在对刘某华的腰4椎体骨折的诊断、治疗中存在医疗过失,杨某华、中山医院二者的行为间接结合发生了最后造成刘某华在一七四医院手术治疗腰4椎体陈旧性骨折并构成伤残九级的损害后果。但由于杨某华与中山医院并不存在共同故意或者共同过失,故依法应当根据过失大小或者原因力比例各自承担相应的赔偿责任。

(一)中山医院应承担的赔偿责任

根据福建正泰司法鉴定中心的鉴定意见,中山医院对刘某华的诊断、治疗中存在的医疗过失与刘某华的损害后果之间存在直接因果关系,参与度为60%-70%,因此,中山医院对刘某华因此造成的经济损失应承担70%的赔偿责任,即应赔偿刘某华126909.12

元（181298.74 元 × 70%），且根据本案的实际情况，中山医院对刘某华的精神损害抚慰金应承担 7000 元的赔偿责任，故中山医院合计应赔偿刘某华 133909.12 元。

（二）杨某华应承担的赔偿责任

杨某华推倒刘某华导致刘某华受伤住院，杨某华对此应承担相应的赔偿责任。但在刘某华出院后，刘某华的丈夫王某林与杨某华于 2010 年 1 月 7 日在厦门市公安局湖里分局湖里派出所的调解下，达成治安调解协议，由杨某华一次性赔付刘某华医疗费等费用 2000 元（已支付），并明确双方不得再因此事向对方追究其他责任或索要其他任何赔偿。上述协议系在公安机关的调解下达成，刘某华虽未在上述协议上签名，但根据常理，王某林因其妻子刘某华受伤寻求公安机关解决纠纷，杨某华有理由相信王某林是有代理权的，刘某华理应知道其丈夫代表其与杨某华达成治安调解协议的情况，且此后一年多的时间里，刘某华亦从未向杨某华提出过异议，故应视为刘某华同意王某林与杨某华达成的治安调解协议，该协议为有效协议。刘某华以其本人未签字为由主张该协议未生效没有事实及法律依据。上述协议签订后，刘某华于 2010 年 11 月发现其实际造成了骨折并需转骨科进一步治疗的后果，又于 2011 年 2 月 23 日至 2011 年 4 月 6 日在一七四医院住院进行了手术治疗。虽然，刘某华于 2011 年 9 月 6 日起诉杨某华，但刘某华从未提出过撤销上述协议中关于赔偿内容的诉求。由于刘某华在知道撤销事由之日起一年内没有行使撤销权，其撤销权消灭。在上述协议有效的情况下，刘某华要求杨某华承担赔偿责任没有法律依据，故不予支持。

综上所述，公民享有生命健康权，任何人不得侵害。根据《中华人民共和国民法通则》第六十六条第一款、第九十八条、第一百零六条第二款、第一百一十九条，《中华人民共和国合同法》第四十九条、第五十四条、第五十五条，最高人民法院《关于审理人身损害赔偿案件适用法律若干问题的解释》第一条、第三条第二款、第十二条、第十七条第一、二款、第十八条第一款、第十九条、第二十一条、第二十二条、第二十三条、第二十四条、第二十五条、第三十五条,《中华人民共和国民事诉讼法》第六十四条第一款的规定,判决:一、厦门大学附属中山医院应于本判决生效之日起十日内,赔偿刘某华医疗费、护理费、住院伙食补助费、营养费、交通费、残疾赔偿金、司法鉴定费、精神损害抚慰金共计133909.12元;二、驳回刘某华的其他诉讼请求。

刘某华不服,向厦门市中级人民法院提出上诉。

刘某华上诉称:(一)王某林系治安调解协议所涉案件的当事人之一,其签名仅表明其个人对调解协议内容的认可,与刘某华无关。因刘某华没有签字,故该份调解协议未经各方当事人签字,没有发生法律效力,显然不能约束刘某华。(二)王某林系以自己的名义在调解协议上签字,不能构成表见代理,该代理行为对被代理人刘某华不发生法律效力。综上,原审判决认定事实及适用法律错误,请求二审撤销原审判决,改判杨某华承担刘某华经济损失206297.16元的30%,计61889.15元。

厦门市中级人民法院于2014年3月20日作出〔2014〕厦民终字第1号民事判决。

该院二审查明,对原审查明的事实,除刘某华认为其与杨某华并没有真正达成调解协议,调解协议存在签名和送达的问题,杨某华认为病历不能作为证据材料,刘某华没有"腰4椎体骨折"外,各方当事人对其他事实均未提出异议,该院对当事人没有异议的事实予以确认。此外,对原审认定的各项赔偿金额,刘某华和中山医院均表示无异议。

该院认为,刘某华的伤情和病因有医疗病历和鉴定结论为据,予以采信。根据《中华人民共和国民法通则》第六十六条规定,本人知道他人以本人名义实施民事行为而不作否认表示的,视为同意。在本案中,刘某华对王某林与杨某华在厦门市公安局湖里分局湖里派出所进行调解,杨某华经调解同意支付刘某华2000元医疗费的事实是清楚的。上述事实发生后,刘某华并没有即时提出异议,原审据此认定讼争的调解协议是有效的,符合相关法律规定,该院予以确认。刘某华主张王某林没有代理权,讼争调解协议未经其签字认可没有发生法律效力,与查明事实和法律规定不符,该院不予支持。此外,原审针对刘某华和中山医院的医疗损害纠纷所作判决,有关当事人均未提出异议,应予维持。综上所述,原审判决认定事实基本清楚,适用法律正确,应予以维持。依照《中华人民共和国民事诉讼法》第一百七十条第一款第一项之规定,判决如下:驳回上诉,维持原判。

刘某华不服二审判决,向福建省高级人民法院申请再审。主要理由:(一)刘某华之夫王某林在调解协议上签字并不当然使该调解协议对刘某华产生约束力,王某林在调解协议上签字仅表明其个人对调解协议内容的认可,与刘某华无关。(二)王某林在调解协议上签字的行为并不是代理行为,也不属于《中华人民共和国民法通则》第六十六条规定的"他人以本人名义实施民事行为"的情形,一、二审认定事实和适用法律存在错误。(三)刘某华并未收执该份调解协议,且刘某华知悉该份调解协议前已向湖里区人民法院提起民事诉讼,因此,调解协议对刘某华无约束力。

福建省高级人民法院于2015年8月20日作出〔2015〕闽民申字第624号民事裁定。

该院认为:(一)根据《中华人民共和国合同法》第四十九条的规定"行为人没有代理权、超越代理权或者代理权终止后以被代理人名义订立合同,相对人有理由相信行为人有代理权的,该代理行为有效。"从本案的事实上看,2010年1月7日,在刘某华已出院,王某林作为刘某华的丈夫,在厦门市公安局湖里分局湖里派出所与杨某华达成治安调解协议,由杨某华一次性赔付刘某华医疗费等费用2000元(已支付完毕),并明确双方不得再因此事向对方追究其他责任或索要其他任何赔偿。上述协议系在公安机关的调解下达成。从治安调解协议看,其中所列的当事人包括"刘某华、王某林",故可以认定王某林系以刘某华的名义签订该协议。因王某林与刘某华二人本为夫妻而互有家事代理权,且鉴于协议系在刘某华因伤住院治疗于2009年12月29日出院之后的2010年1月7日签订之事实,公安机关与协议对方当事人即杨某华有充分理由相信王某林有代刘某华签订协议的代理权,故该院认为王某林签订该协议属于表见代理,对刘某华具有约束力。此外,基于王某林与刘某华的夫妻关系,可以推定刘某华是知晓并同意协议内容的。(二)本案事件发生在2009年12月13日,刘某华最早于2011年9月6日起诉杨某华,此时距离本案事件发生已超过一年。刘某华在该诉状中并未提出撤销上述协议中关于赔偿内容的诉求。由于刘某华在知道撤销事由之日起一年内没有行使撤销权,因此应认定刘某华的撤销权已消灭。在上述协议有效的情况下,刘某华要求杨某华承担赔偿责任没有法律依据,故一、二审未予支持,并无不当。综上,刘某华的再审申请不符合《中华人民共和国民事诉讼法》第二百条第二项、第六项规定的情形。依照《中华人民共和国民事诉讼法》第二百零四条第一款之规定,裁定:驳回刘某华的再审申请。

刘某华不服,向检察机关申请监督。

本院认为,厦门市中级人民法院〔2014〕厦民终字第1号民事判决以刘某华没有对《治安调解协议书》行使撤销权为由,对刘某华要求杨某华承担赔偿责任的诉讼请求不予支持,判决适用法律确有错误。理由如下:

## 一、杨某华侵权事实清楚,应承担损害赔偿责任

根据福建鼎力司法鉴定中心厦门分所、福建正泰司法鉴定中心所做的鉴定,湖里区人民法院一审查明并认定,2009年12月13日杨某华推倒刘某华后,导致刘某华腰4椎体骨折;中山医院在对刘某华腰4椎体骨折的诊断、治疗中存在医疗过失,杨某华、中山医院二者的行为间接结合导致刘某华腰4椎体陈旧性骨折并构成九级伤残的损害后果。湖里区人民法院同时认定,刘某华因本案事故造成的损失为181298.74元,精神损害抚慰金为10000元。杨某华与刘某华因琐事发生纠纷,杨某华推倒刘某华并造成其人身受到伤害,本案侵权事实清楚,杨某华应当对刘某华遭受的损害承担相应的民事赔偿责任。

## 二、2010年1月7日杨某华与王某林达成《治安调解协议书》是基于中山医院的误诊，刘某华并未丧失就后续治疗费用要求杨某华承担赔偿责任的权利

2009年12月13日刘某华被杨某华推倒后，在中山医院住院治疗至2009年12月29日出院，中山医院诊断结论为"未见明确骨折征象"，刘某华共花费医疗费用2659.21元。经厦门市公安局湖里派出所调解，双方于2010年1月7日签订讼争《治安调解协议书》，杨某华一次性赔付给刘某华医疗费等费用2000元。该《治安调解协议书》系厦门市公安局湖里派出所在刘某华已经治愈出院、未见明显骨折、仅花费医疗费用2659.21元的前提下，主持双方调解达成的，公安机关并没有对当时尚未发现的骨折伤情进行调解处理。此后，刘某华于2010年11月25日经中山医院影像复查发现其腰4椎体骨折，并于2011年2月23日到一七四医院住院手术治疗，花费医疗费用89531.94元。因此，《治安调解协议书》系在2009年12月13日至12月29日刘某华首次住院及中山医院误诊的基础上作出的，协议第三条"双方不得再因此事向对方追究其他责任或索要其他任何赔偿"系双方当事人针对这期间的损害后果达成的，对此后新发现的腰椎骨折伤情以及手术治疗费用的赔偿等问题双方并没有达成协议，《治安调解协议书》对后续发生的损害赔偿纠纷不具有约束力。

同时，在2009年12月13日事发当日，厦门市公安局湖里派出所即对该案进行治安调解，形成《现场治安调解协议书》一份，载明甲方（王某林）乙方（杨某华）双方达成协议："甲方乙方共同到湖里医院治疗刘某华受伤情况，刘某华伤与今日之事无关则双方和调无事，若刘某华因今天摔倒致新伤，则治疗费用由乙方负担（含第一次叫120车的费用），乙方参与刘某华治疗过程，如需进一步治疗双方再协商如何治疗。"双方明确刘某华进一步治疗问题应双方协商解决，治疗费用由杨某华承担。因此，刘某华有权要求杨某华赔偿后续治疗费用。

**三、退一步讲，即使《治安调解协议书》对协议订立时尚未发生的损害后果具有约束力，刘某华在知道中山医院误诊事实后一年内向人民法院起诉，应视为行使了撤销权，其诉讼请求依法应得到支持**

刘某华在 2010 年 11 月得知中山医院误诊、其腰 4 椎体骨折后，于 2011 年 9 月 6 日向湖里区人民法院提起民事诉讼（〔2011〕湖民初字第 3429 号案件），请求判令杨某华赔偿各项损失。刘某华在知道撤销事由后一年内起诉杨某华的行为，实质上否定了《治安调解协议书》中关于"双方不得再因此事向对方追究其他责任或索要其他任何赔偿"的规定，应视为其已依法行使撤销权，根据《中华人民共和国合同法》第五十五条第一项的规定，刘某华的撤销权并未消灭，其要求杨某华承担赔偿责任的诉讼请求应当得到支持。湖里区人民法院在审理该案过程中行使释明权，告知刘某华本案存在医疗事故与人身损害相结合的因素，建议对医疗事故部分先作认定，但湖里区人民法院却从未告知刘某华应当对《治安调解协议书》单独提起撤销之诉，刘某华重新起诉后，湖里区人民法院又以刘某华未行使撤销权为由对其要求杨某华承担赔偿责任的诉讼请求不予支持，厦门市中级人民法院〔2014〕厦民终字第 1 号民事判决予以维持，将湖里区人民法院不正确行使释明权的法律后果判由刘某华承担，既违反了法律规定，又对当事人显失公平。

综上，厦门市中级人民法院〔2014〕厦民终字第 1 号民事判决存在适用法律错误的情形，根据《中华人民共和国民事诉讼法》第二百条第六项、第二百零八条第一款的规定，特提出抗诉，请依法再审。

此致
福建省高级人民法院

福建省人民检察院
2017 年 3 月 10 日

# 六、公益诉讼文书

文书十九　山东省德州市经济开发区人民检察院关于任城区环保局不依法履职行政公益诉讼起诉书

# 山东德州经济开发区检察院诉济宁市任城区环保局行政公益诉讼案

山东省济宁市任城区人民检察院在履职中发现，济宁正元化工有限公司（以下简称正元公司）长期将生产过程中产生的危险废液交由没有任何处理资质的田庆福等人（另案处理）私自处理，造成严重环境污染事故。济宁市环保局下发专门处理意见，要求区环保局责令正元公司限期采取治理措施，消除污染；依法处理从倾倒现场回收的废液及公司贮存的废液；处50万元罚款。但该区环保局一直怠于履职，未按照规定和要求对废液妥善处置。2017年4月5日，任城区人民检察院向该区环保局发出检察建议，建议该局依法履行职责，督促正元公司对两次重大环境污染事故的污染场地进行环境恢复或者赔偿相应损失。同年5月4日，区环保局回复称，已采取口头和书面形式通知正元公司履行修复或者赔偿义务。经调查核实，该区环保局并未按照法律规定和上级部门要求，对从污染事故现场回收的废液及正元公司停产前贮存的废液进行依法妥善处置，公司厂区仍存留大量废液，对周围环境造成严重危害，致使社会公共利益持续处于受侵害状态。

2017年5月8日，山东省人民检察院指定德州经济开发区人民检察院管辖本案。5月12日，德州经济开发区人民检察院以公益诉讼人身份提起行政公益诉讼。9月12日，任城区人民法院公开开庭审理。10月10日，法院作出一审判决，全部支持了检察机关的诉讼请求：一、确认被告济宁市任城区环境保护局怠于履职的行政行为违法。二、责令被告济宁市任城区环境保护局于本判决生效后,依法继续履行监管职责。

     承办检察官:山东省德州市人民检察院 赵 亮
    山东省德州经济技术开发区人民检察院 范文波
                  董文智

# 山东省德州经济开发区人民检察院
# 行政公益诉讼起诉书

德开检行公诉〔2017〕1号

公益诉讼人：德州经济开发区人民检察院

被告：济宁市任城区环境保护局，住所地：济宁市任城区太白中路4号。

法定代表人：潘某，局长。

诉讼请求：

1. 依法确认济宁市任城区环境保护局怠于履职行为违法。

2. 依法判令济宁市任城区环境保护局在一定期限内依法全面履行职责，督促济宁正元化工有限公司对厂区存留的危险废物及时妥善处置，并依法对此进行监管。

事实与理由：

济宁市任城区人民检察院在履行职责中发现，济宁市任城区环境保护局（以下简称"任城区环保局"）在对济宁正元化工有限公司（以下简称"正元公司"）进行监管过程中，存在不依法履职情形，遂依法审查处理。2017年5月8日，经山东省人民检察院指定管辖，本院对济宁市任城区环保局不依法履职案审查起诉。

经本院调查查明，正元公司成立于2004年9月22日，位于济宁市市中区（现任城区）安居镇胡庄村南，占地130余亩，法人代表：孙某国，注册资本：1000万元，经营范围：纯苯、甲苯、二甲苯、重苯、轻溶剂油的生产。公司成立前的2004年8月，济宁市环境保护局批复了正元公司2.5万吨/年粗苯精制项目，该生产线于2004年9月投产，并于2010年3月停产。之后，该公司新建投产了 2.5 万吨/年（实际生产规模为 5 万吨/年）粗苯精制技改项目，该项目采用国家淘汰工艺，未经环评便投入生产，生产过程中产生废硫酸、废烧碱、酸焦油等废物，含有苯、邻二甲苯、对二甲苯、乙苯等物质，是国家危险化学品名录列出的危险化学品，属于危险废物，应交予具有专门处理资质的单位处理，或者交由环境监管部门进行托管。正元公司违反规定，长期将生产过程中产生的危险废物交由没有任何处理资质和能力的田庆福、田震父子私自处理并违法偷排倾倒，期间群众多次信访举报。

2010 年 10 月 8 日，济宁市原市中区环保局接到群众对正元公司偷排废液的举报后，对该公司进行了现场勘查，发现以下问题：(1) 在无危化品转移五联单、无处置危化品处理资质的情况下，该公司将副产品酸焦油等销往外地；(2) 2010 年 3 月新上 2.5 万吨/年粗苯精制生产线无环评审批手续。2010 年 12 月 27 日，济宁市原市中区环保局对正元公司作出济中环罚字〔2010〕第 52 号行政处罚决定书：(1) 立即停止违法行为；(2) 自 2010 年 12 月 27 日开始停产整改，生产过程中产生的危险废物委托有经营许可证的单位处置，未经环保部门批准不得恢复生产；(3) 罚款拾万元。该公司缴纳拾万元罚款后，既未停产，也未将废物交由有资质的企业处理，而是继续偷排废液。2011 年，正元公司在进行危险废物申报登记过程中，将第二季度季报危险废物产生量申报为零，济宁市原市中区环保局未经核实，在明知企业申报登记不实的情况下予以上报，致使该公司长期脱离省、市级重点监控，长期污染环境并造成事故隐患。

2011 年 2 至 3 月，田庆福伙同他人将正元公司生产过程中产生的废液排放、倾倒在济宁高新区柳行办事处瑞元路附近的下水道管网内，造成重大环境污染事故，致使公共财产遭受 645114 元重大损失。2011 年 8 月，田震将正元公司生产过程中产生的废液私自倾倒在济宁市北湖新区轩文路段地下排水管道内，造成损失 303113 元。2011 年 10 月 12 日，田庆福被济宁市高新技术产业开发区人民法院以重大环境污染事故罪，判处有期徒刑二年。2012

年5月24日，田震被济宁市任城区人民法院以污染环境罪，判处有期徒刑二年。目前二人刑罚均已执行完毕。

另查明，田震向济宁市北湖新区轩文路段地下排水管道内倾倒正元公司产生的废液，发生重大环境污染事故后，济宁市原市中区环保局局长刘某河带领工作人员现场监督正元公司将废液抽取运回该公司厂区的废物池及罐体存放。2011年8月23日，济宁市市中区人民政府作出依法关闭正元公司2.5万吨/年粗苯精制生产线决定，该公司被依法关停。2011年11月29日，济宁市环境保护局下发《关于对济宁正元化工有限公司擅自转移倾倒废酸液违法案件的处理意见》（济环函〔2011〕175号），要求济宁市原市中区环保局责令正元公司限期采取治理措施，消除污染；对从倾倒现场回收的废酸液及公司贮存的废酸液必须按照国家的有关规定，在60日内安全处置完毕；如逾期未完成治理，环保局可以指定有治理能力的单位代为治理，所需费用由该公司承担；处伍拾万元罚款。但济宁市原市中区环保局、济宁市任城区环保局一直怠于履职，未按照法律规定和上级部门要求对从污染事故倾倒现场回收及正元公司贮存的废酸液依法妥善处置。

为保护环境，促进行政机关依法行政，2017年4月5日，济宁市任城区人民检察院向任城区环保局发出检察建议，建议该局规范危险废物监管工作，督促正元公司对造成的两次重大环境污染事故的污染场地进行环境恢复或者赔偿相应损失，确保公共利益不受损害。2017年5月4日，任城区环保局回复称，已采取口头和书面形式通知正元公司履行修复或赔偿义务。5月10日，任城区人民检察院会同济宁市公安局市中分局安居派出所和山东嘉源检测技术有限公司工作人员对正元公司厂区进行现场勘查发现，厂区内的五个废液池中仍存放着大量从田震倾倒现场回收的废酸液及公司先前贮存的废酸液，对周围环境造成严重污染并存在重大安全隐患。

本院认为，根据《中华人民共和国环境保护法》第十条"……县级以上地方人民政府环境保护主管部门，对本行政区域环境保护工作实施统一监督管理。县级以上人民政府有关部门和军队环境保护部门,依照有关法律的规定对资源保护和污染防治等环境保护工作实施监督管理。"《中华人民共和国固体废物污染环境防治法》第十条第二款"县级以上地方人民政府环境保护行政主管部门对本行政区域内固体废物污染环境的防治工作实施统一监督管理。县级以上地方人民政府有关部门在各自的职责范围内负责固体废物污染环境防治的监督管理工作。"第三十五条第一款"产生工业固体废物的单位需要终止的,应当事先对工业固体废物贮存、处置的设施、场所采取污染防治措施,并对未处置的工业固体废物作出妥善处置,防止污染环境。"第五十五条"产生危险废物的单位,必须按照国家有关规定处置危险废物,不得擅自倾倒、堆放;不处置的,由所在地县级以上地方人民政府环境保护行政主管部门责令限期改正;逾期不处置或者处置不符合国家有关规定的,由所在地县级以上地方人民政府环境保护行政主管部门指定单位按照国家有关规定代为处置,处置费用由产生危险废物的单位承担。"第八十九条"液态废物的污染防治,适用本法。"之规定,任城区环保局作为本辖区内环境保护行政主管部门,应依法履行环境监管职责,对区域内固体废物污染环境的防治工作严格监督管理。但在正元公司未严格执行济中环罚字〔2010〕第52号行政处罚决定,既未停产,也未将废物交由有资质的企业处理,而是继续偷排废液的情况下,该局未采取任何措施,致使该公司违法偷排危险废物的行为始终没能受到及时查处和制止;2011年该公司进行危险废物申报登记,但第二季度季报危险废物产生量为零,该局明知其申报登记不实,却没有进行核实就进行上报,致使该公司长期脱离省市级重点监控,也给环境污染事故的发生留下隐患;该局对辖区内的环境保护监察工作负有直接责任,未认真履行职责,致使正元公司偷运偷排危险废物的行为长期未能得到有效制止,并由此先后引发两次重大环境污染事故,给公共财产造成共计94万余元的经济损失。事故发生后,该局并未按照法律规定和上级部门要求对从污染事故倾倒现场回收的废酸液及正元公司贮存的废酸液进行依法妥善处置。尤其是在任城区人民检察院向该局发出督促履职的检察建议后，该局仍怠于履职，目前公司厂区仍存留大量废液，对周围环境造成严重危害，致使社会公共利益仍处于受侵害状态。

《中华人民共和国行政诉讼法》第二十六条第六款规定："行政机关被撤销或者职权变更的，继续行使其职权的行政机关是被告。"2013年12月31日，济宁市市中区环境保护局与济宁市任城区环境保护局合并为济宁市任城区环境保护局，据此任城区环保局应作为本案被告。第七十四条第二款规定："行政行为有下列情形之一，不需要撤销或者判决履行的，人民法院判决确认违法：……（三）被告不履行或者拖延履行法定职责，判决履行没有意义的。"任城区环保局在对正元公司监管过程中，长期怠于履职，致使发生两次重大环境污染事故，应判决确认违法。第七十二条规定："人民法院经过审理，查明被告不履行法定职责的，判决被告在一定期限内履行。"任城区环保局一直未积极采取有效措施督促正元公司处置废液并进行严格监管，属于怠于履行职责，应依法判令其在一定期限内履行。现根据《全国人民代表大会常务委员会关于授权最高人民检察院在部分地区开展公益诉讼试点工作的决定》《人民检察院提起公益诉讼试点工作实施办法》和《最高人民检察院关于深入开展公益诉讼试点工作有关问题的意见》之规定，向你院提起诉讼，请依法裁判。

此致
山东省济宁市任城区人民法院

山东省德州经济开发区人民检察院<br>
2017年5月12日

文书二十 湖北省十堰市郧阳区人民检察院关于郧阳区林业局不依法履职行政公益诉讼起诉书

# 湖北十堰市郧阳区检察院诉郧阳区林业局行政公益诉讼案

2013年3月至4月,金兴国、吴刚、赵丰强在未经县级林业主管部门同意、未办理林地使用许可手续的情况下,在湖北省十堰市郧阳区杨溪铺镇财神庙村五组、卜家河村一组、杨溪铺村大沟处,相继占用国家和省级生态公益林地0.28公顷、0.22公顷、0.28公顷开采建筑石料。2013年4月22日、4月30日、5月2日,郧阳区林业局对金兴国、吴刚、赵丰强作出行政处罚决定,责令金兴国、吴刚、赵丰强停止违法行为,恢复所毁林地原状,分别处以56028元、22000元、28000元罚款,限期十五日内缴清。金兴国、吴刚、赵丰强在收到行政处罚决定书后,在法定期限内均未申请行政复议,也未提起行政诉讼,仅分别缴纳罚款20000元、15000元、20000元,未将被毁公益林地恢复原状。郧阳区林业局在法定期限内既未催告三名行政相对人履行行政处罚决定所确定的义务,也未向人民法院申请强制执行,致使其作出的行政处罚决定未得到全部执行,被毁公益林地未得到及时修复。2015年12月12日,郧阳区人民检察院向区林业局发出检察建议,建议区林业局规范执法,认真落实行政处罚决定,采取有效措施,恢复森林植被。区林业局收到检察建议后,在规定期限内既未按检察建议进行整改落实,也未书面回复。

2016年2月29日,十堰市郧阳区人民检察院以公益诉讼人身份提起行政公益诉讼,要求法院确认该区林业局未依法履行职责违法，并判令其依法继续履行法定职责。2016年5月5日，郧阳区人民法院作出一审判决：确认郧阳区林业局在对金兴国、吴刚、赵丰强作出行政处罚决定后，未依法履行后续监督、管理和申请人民法院强制执行法定职责的行为违法；责令区林业局继续履行收缴剩余加处罚款的法定职责；责令区林业局继续履行被毁林地生态修复工作的监督、管理法定职责。

承办检察官：湖北省十堰市郧阳区人民检察院　周　伟
　　　　　　　　　　　　　　　　　　　　　　童艳辉
　　　　　　　　　　　　　　　　　　　　　　覃春华

# 湖北省十堰市郧阳区人民检察院
# 行政公益诉讼起诉书

郧检行公诉〔2016〕1号

公益诉讼人：十堰市郧阳区人民检察院。

被告：十堰市郧阳区林业局。住所地：十堰市郧阳区城关镇沿江大道81号。

法定代表人：赵某全，十堰市郧阳区林业局局长。

诉讼请求：

1. 确认十堰市郧阳区林业局在作出鄂郧森公林罚书字〔2013〕第040号、鄂郧森公林罚决字〔2013〕第024号、鄂郧森公林罚书字〔2013〕第037号行政处罚决定后，未依法履行职责违法。

2. 判令十堰市郧阳区林业局对上述行政处罚决定所涉违法行为，依法继续履行职责。

事实和理由：

本院反渎部门在办案中发现十堰市郧阳区林业局不依法履职，损害国家利益和社会公共利益的线索，本院经审查后依法作出行政公益诉讼立案决定。

经调查查明，2013年4月，吴刚在未经林业主管部门审批同意，未办理林地使用手续的情况下，在十堰市郧阳区（原十堰市郧县，以下统一称为十堰市郧阳区）杨溪铺镇杨溪铺村大沟占用林地0.22公顷（2202.1平方米，属国家级生态公益林）开采石料，擅自改变林地用途。2013年4月30日，十堰市郧阳区林业局作出鄂郧森公林罚书字〔2013〕第040号行政处罚决定书。该决定书载明:"吴刚的行为违反了《中华人民共和国森林法实施条例》第十六条第一款第一项的规定,构成擅自改变林地用途。根据《中华人民共和国森林法实施条例》第四十三条第一款的规定,对吴刚作出如下行政处罚:1.责令于2014年4月30日前恢复林地原状。2.并按非法改变用途林地面积处以每平方米10元的罚款,计22000元。罚款于15日内缴纳至农业银行(账号:20480104000****),到期不缴纳罚款的,每日按照罚款数额的百分之三加处罚款。如不服本行政处罚决定,可以在接到决定书之日起60日内向十堰市林业局或者十堰市郧阳区人民政府申请复议,或者在三个月内直接向人民法院起诉。逾期不申请行政复议或者不向人民法院起诉又不履行处罚决定的,将依法申请人民法院强制执行或者依法强制执行"。2013年4月30日,根据吴刚的申请,十堰市郧阳区林业局作出鄂郧森公林罚缴决字〔2013〕第040号批准分期缴纳罚款申请决定书,该决定书载明:吴刚可分2次缴纳罚款,并在2013年12月30日之前全额缴清。到期不缴纳罚款的,每日按照罚款数额的百分之三加处罚款。

2013年3月,金兴国在未经县级林业主管部门审核同意,未办理林地使用手续的情况下,在十堰市郧阳区杨溪铺镇财神庙村五组和十堰市郧阳区杨溪铺镇卜家河村一组(小地名狼洞沟口处)正对面山坡两个地点非法进行开垦取土、取石,占用林地面积0.28公顷(2801.4平方米,为国家级和省级生态公益林),擅自改变林地用途。2013年4月22日,十堰市郧阳区林业局作出鄂郧森公林罚决字〔2013〕第024号行政处罚决定书,该决定书载明:"金兴国违反了《中华人民共和国森林法》第十八条第一款、《中华人民共和国森林法实施条例》第十六条第一款第一项的规定,已构成违法。依照《中华人民共和国森林法实施条例》第四十三条第一款的规定,对金兴国作出以下行政处罚:1.责令停止违法行为,在2013年12月31日前恢复林地原状;2.并按非法改变用途林地面积处以每平方米20元的罚款,计56028元。罚款于15日内缴纳至农业银行(账号:20480104000****),到期不缴纳罚款的，每日按照罚款数额的百分之三加处罚款。如不服本行政处罚决定，可以在接到决定书之日起60日内向十堰市林业局或者十堰市郧阳区人民政府申请复议，或者在三个月内直接向人民法院起诉。逾期不申请行政复议或者不向人民法院起诉又不履行处罚决定的，将依法申请人民法院强制执行或者依法强制执行"。2013年4月22日，金兴国向十堰市郧阳区森林公安局提出分期缴纳罚款申请，申请在2013年4月22日前缴纳20000元，剩余罚款在2014年4月底前缴清。十堰市郧阳区森林公安局政委华某强签字同意。

2013年3月，赵丰强在未经林业主管部门审批同意，未办理林地使用手续的情况下，在十堰市郧阳区杨溪铺镇杨溪铺村大沟占用林地0.28014公顷（2801.4平方米，属国家级生态公益林）开采石料，擅自改变林地用途。2013年5月2日，十堰市郧阳区林业局作出鄂郧森公林罚书字〔2013〕第037号行政处罚决定书。该决定书载明："赵丰强的行为违反了《中华人民共和国森林法实施条例》第十六条第一款第一项的规定，构成擅自改变林地用途。依照《中华人民共和国森林法实施条例》第四十三条第一款的规定，对赵丰强作出如下行政处罚：1.责令于2014年4月30日前恢复林地原状。2.并按非法改变用途林地面积处以每平方米10元的罚款，计28000元。罚款于15日内缴纳至农业银行（账号：20480104000＊＊＊＊），到期不缴纳罚款的，每日按照罚款数额的百分之三加处罚款。如不服本行政处罚决定，可以在接到决定书之日起60日内向十堰市林业局或者十堰市郧阳区人民政府申请复议，或者在三个月内直接向人民法院起诉。逾期不申请行政复议或者不向人民法院起诉又不履行处罚决定的，将依法申请人民法院强制执行或者依法强制执行"。根据赵丰强的申请，2013年5月2日，十堰市郧阳区林业局作出鄂郧森公林罚缴决字〔2013〕第037号批准分期缴纳罚款申请决定书。该决定书载明：赵丰强可分2次缴纳罚款，并在2013年12月30日之前全额缴清。到期不缴纳罚款的，每日按照罚款数额的百分之三加处罚款。

截至2016年2月4日，吴刚缴纳罚款15000元，仍有7000元未交；金兴国缴纳罚款20000元，仍有36028元未交；赵丰强缴纳罚款20000元，仍有8000元未交，且吴刚、金兴国、赵丰强均未将非法改变用途的林地恢复原状。截至2016年2月5日，十堰市郧阳区林业局未采取有效措施督促吴刚等三人缴纳剩余罚款和恢复林地原状。

为支持与督促十堰市郧阳区林业局依法履行职责，促进行政机关依法行政，进而实现保护生态环境、维护国家利益和社会公共利益的目的，本院向十堰市郧阳区林业局发出郧检民（行）公益〔2015〕42032100001-7号检察建议。该检察建议认为，十堰市郧阳区林业局应当依法督促当事人恢复林地原状，在罚款未收缴到位时应积极采取措施，切实保护好国家生态公益林资源。并建议十堰市郧阳区林业局规范执法，认真落实行政处罚决定；采取有效措施，恢复森林植被。2015年12月12日，本院依法将检察建议送达十堰市郧阳区林业局，该局副局长王某安签收。截至2016年1月13日，该局并未回复检察建议，也未按照法律规定履职。

认定上述事实的主要证据有：1. 鄂郧森公林罚书字〔2013〕第040号、鄂郧森公林罚决字〔2013〕第024号、鄂郧森公林罚书字〔2013〕第037号行政处罚案件卷宗；2. 郧检民检（行）公益〔2015〕42032100001-7号检察建议及送达回证；3. 十堰市郧阳区人民法院证明吴刚等三人在该院无行政诉讼案件和非诉行政案件的证明；4. 本院对吴刚等三人的调查笔录；5. 本院在吴刚等三人非法改变用途的林地所在地拍摄的现场照片；6. 十堰市郧阳区非税收入管理局开具的湖北省非税收入记账凭证和一般缴款书；7. 十堰市郧阳区林业调查规划设计队出具的关于吴刚等三人占用林地的现场调查报告；8. 华中农业大学园艺林学学院教授周志祥、副教授王鹏程、王永健出具的专家意见等。

本院认为，根据《国家级公益林区划界定办法》第二条"国家级生态公益林是指生态区位重要或生态状况极为脆弱，对国土生态安全、生物多样性保护和经济社会可持续发展具有重要作用，以发挥森林生态和社会服务功能为主要经营目的的重点防护林和特种用途林",《湖北省生态公益林管理办法》第二条"本办法所称的生态公益林，是指生态区位重要、生态状况脆弱，对国土生态安全、生物多样性保护和经济社会可持续发展具有重要作用，以提供公益性、社会性产品或者服务为主要利用方向和目的，并按照有关规定划定为生态公益林的森林、林木和林地，包括防护林和特种用途林。本省行政区划内的生态公益林，分为国家级生态公益林，省级公益林和地方公益林"的规定，公益林有提供公益性服务的典型目的，吴刚等三人非法改变公益林用途，导致国家利益和社会公共利益受损。而且由于森林资源是一种特殊的维护生态、保护环境、调节气候的资源，在维护与保持公共环境方面具有举足轻重的作用。吴刚等三人至今没有恢复被改变用途林地的原状，破坏了整体意义上的森林资源，损害了社会公共利益。

《中华人民共和国森林法》第十三条规定，"各级林业主管部门依照本法规定，对森林资源的保护、利用、更新，实行管理和监督"，十堰市郧阳区林业局对其辖区内的森林资源有管理和监督的职责。针对吴刚等三人的违法行为，十堰市郧阳区林业局根据相关法律和法规的规定，对吴刚等三人处以限期恢复林地原状和罚款的行政处罚决定。作出行政处罚决定后，十堰市郧阳区林业局还应根据《中华人民共和国行政处罚法》第五十一条"当事人逾期不履行行政处罚决定的，作出行政处罚决定的行政机关可以采取下列措施：（一）到期不缴纳罚款的，每日按罚款数额的百分之三加处罚款；（二）根据法律规定，将查封、扣押的财物拍卖或者将冻结的存款划拨抵缴罚款；（三）申请人民法院强制执行"的规定，对吴刚等三人逾期未履行生效行政处罚决定的行为，依法继续履职。但十堰市郧阳区林业局怠于履职，致使行政处罚决定得不到有效执行，被吴刚等三人非法改变用途的林地至今未恢复原状，剩余罚款未依法收缴，也没有对吴刚等三人加处罚款，导致国家利益和社会公共利益仍然处于受侵害状态。

综上，为督促十堰市郧阳区林业局依法履行职责，教育和引导公民自觉守法，促进行政机关依法行政，进而保护生态环境、维护国家利益和社会公共利益,根据《全国人民代表大会常务委员会关于授权最高人民检察院在部分地区开展公益诉讼试点工作的规定》《人民检察院提起公益诉讼试点工作实施办法》第四十一条的规定,向你院提起行政公益诉讼,请依法裁判。

  此致
十堰市郧阳区人民法院

十堰市郧阳区人民检察院
2016 年 2 月 29 日

# 七、检察建议书

文书二十一　江苏省连云港市赣榆区人民检察院关于预防未成年人犯罪检察建议书

# 江苏省连云港市赣榆区检察院向区教育局提出检察建议案

江苏省连云港市赣榆区人民检察院在办理沙某某、胡某某等9人聚众斗殴案件中，发现参与聚众斗殴的3人是在校学生，涉及多所学校，中学生法律意识淡薄问题比较突出。赣榆区人民检察院遂于2016年12月向赣榆区教育局发出检察建议书，针对2013年以来该区未成年人犯罪情况、特点、原因进行统计、调研、分析，提出教育部门要高度重视法治教育、增强学生法律意识、强化学校管理、及时开展心理疏导等对策建议。

收到建议后，赣榆区教育局组织召开九所学校法治教育专题会议，宣读该份检察建议书，要求各学校针对检察建议书中指出的问题进行整改。会后，赣榆区教育局出台《关于进一步加强全区中小学法治宣传教育的工作意见》，九所学校结合自身实际情况，全面回顾近年来法治宣传教育工作，撰写整改报告，并制定了校园安全、法治教育工作整改实施方案，通过邀请检察官开展法治报告、播放微电影等多种形式，加强法治教育，营造良好的校园环境，有效地预防和减少学生违法犯罪。2017年，赣榆区人民检察院办理在校生犯罪6人，同比下降66.7%，学生犯罪比例大幅下降。

承办检察官：江苏省连云港市赣榆区人民检察院　杨红萍

# 江苏省连云港市赣榆区人民检察院
# 检察建议书

赣检未建〔2016〕1号

连云港市赣榆区教育局：

通过对2013年以来我区未成年人犯罪统计分析，发现中学生法律意识淡薄，犯罪比例逐年增高，为全面提高我区中学生法律意识，强化校园安全，切实预防未成年人犯罪，现根据最高人民检察院《人民检察院检察建议工作规定（试行）》第五条第一项的规定，特向你局发出检察建议。

## 一、提出检察建议所依据的事实

2013年以来，区检察院共受理审查起诉未成年人犯罪249人，其中，在校学生犯罪的有51人，占未成年人犯罪总数的20.4%，平均每年在校生犯罪为12.75人。经过分析，近几年我区学生犯罪主要有以下几个特点：

（一）学生犯罪的比例逐年提高。2013年未成年人犯罪是82人，在校学生犯罪是11人，占比为13.4%；2014年未成年人犯罪是74人，在校学生犯罪是21人，占比为28.3%（主要是2件未成年人聚众斗殴案件中有12名学生犯罪，因此，2014年学生犯罪激增）；2015年未成年人犯罪是47人，在校学生犯罪是9人，占比为19.1%；2016年截至11月份，未成年人犯罪是46人，在校学生犯罪是10人，占比为21.7%。

（二）学生犯罪中以高中生为主，均是男性。2013年以来共有

51 名在校生犯罪，其中，初中生 2 人，占 3.9%；高中生 35 人，占 68.6%；中专生 14 人，占 27.5%。

（三）学生犯罪主要集中在故意伤害、盗窃、聚众斗殴等罪名。2013 年以来 51 名学生犯罪中，聚众斗殴 22 人，占 43.1%，盗窃 9 人，占 17.6%，传播淫秽物品 9 人，占 17.6%，故意伤害 8 人，占 15.7%，过失致人死亡 1 人，交通肇事 1 人，猥亵儿童 1 人。

（四）学生犯罪相对集中于区驻地学校。2013 年以来在校生犯罪中，清华园双语学校有 8 人，赣榆中等专业学校有 6 人，赣马高中有 6 人，城南高中 4 人，智贤中学 3 人，海头高中 3 人，厉庄高中 3 人，城头高中 3 人，金山中专 3 人。

## 二、学生犯罪增长的主要原因

在校学生犯罪是由其自身素质、家庭教育、学校教育、以及社会大环境等多种因素造成的，但是，学校作为青少年法治教育的主阵地，在法治教育方面存在以下问题：

（一）中学生法治意识淡薄。中学生处于青春发育期，其思想意识处于半成熟状态，对是非辨别能力差，做事往往靠义气，易于冲动，不计后果。具备基本的法治意识是预防在校学生犯罪的前提和基础，然而，在办理未成年人案件实践中，经过了解，有的未成年人在校期间从未接触过法治教育，有的在校三年期间，仅接受过一次法治报告会形式的法治教育，这反映了我区中学生法治意识淡薄，主要表现为不知法、不懂法。如对在盗窃罪中负责望风的行为、在聚众斗殴犯罪中积极参与行为、在传播淫秽视频、图片的 QQ 群里担任管理员的行为等等，没有认知到自身行为构成犯罪。

（二）学校法治教育不到位。造成中学生法治意识淡薄的主原因之一，就是学校法治教育不到位，主要表现为：一是思想认识不到位，重视程度不够。有些学校对法治教育没有从思想上予以高度重视，认为学校升学压力大，一切教学都围绕提高升学率。法律知识不是必考内容，出现了重学科知识教育轻法治教育的现象；二是法治教育不规范，质量不高。学校缺乏法治课专业教师，法治课一般由政治思想品德课教师兼任，教师缺乏案例教学和课堂的灵活性，导致学生没有学法的积极性。有些学校没有详细的教学计划，法治课内容松散且过于浅显，缺乏针对性。

（三）学校缺乏积极的心理干预机制。处在成长时期的中学生，易于激动、烦躁不安，常因一点小事动怒、大打出手。在面对学习、生活的压力，遇到不公正待遇的时候，往往表现出一定的迷茫，通过暴力解决矛盾，导致学生群体性事件发生。如闫某某故意伤害案，双方因为开玩笑发生纠纷，采取了纠集多人、约架的方式解决问题，导致一人重伤、一人犯罪的严重后果。如果当时双方能够保持克制，教师及时介入，加以疏导，完全可以避免该案件的发生。虽然部分学校也专门为学生配备了心理老师，但学生在出现心理问题时，学校未能及时发现，并且对其进行有效的心理疏导、教育。

### 三、对策建议

为了有效提高中学生法律素质，预防未成年人犯罪，建设文明、和谐、安全的校园，特向贵单位提出如下检察建议：

（一）教育部门要重视学校的法治教育。教育行政部门作为学校的行政主管部门，对学校教育负有检查、指导、考核的管理职能，对预防青少年犯罪责无旁贷，要制定学校法治教育考核目标和考评细则，以督促学校重视法治教育，并且加强对学校法治教育的检查，将学生犯罪率作为考核、验收学校的标准之一。加大对法治副校长、法治老师的培训力度，提升校园法治教育的实效。

（二）加强学校法治教育，增强学生法治意识。一是坚持在各级各类学校开设法治课，真正做到计划、课时、教材、师资"四到位"，并切实提高法治教育质量和效果。二是充分利用多媒体等学生乐于接受的方式提高法治教育课堂的质量。三是积极开展法治主题活动。通过开展法治案例讨论会、法治演讲比赛、法律知识竞赛,法治有奖征文、开设法治宣传园地、学法活动月等活动,在活动中提高学生法治意识。四是邀请司法工作人员开展法治讲座、模拟法庭等活动,增强学生的法治体验。让学生在实践中增强法的观念,实现学生进行自我教育、自我管理、自我提高的目的。

(三)强化学校管理体系,营造良好教育环境。加强校园安全管理,制定安全管理制度,对重点部位如楼道、厕所、宿舍等加强巡逻,严防学生打架斗殴,发现情况及时处理、防止事态扩大。严禁携带管制刀具等危险物品进入校园;严禁学生进入网吧、游戏厅、溜冰场等娱乐场所;加强对教职工的法治教育,提升他们的法治意识和对未成年人保护意识,严格学校日常管理,鼓励学生及时向学校和老师反映异常情况。同时,强化对学校保安的管理,增强他们的责任意识、法治意识。

(四)加强信息掌握,开展心理疏导。学校应要求教师观察学生的活动情况,加强与家长的沟通,切实了解学生的思想动态,多注意、关心有严重不良行为的学生,及时发现危险苗头,防患于未然。切实发挥好校园心理咨询室的作用,聘请专业老师定期进行心理、生理方面的辅导教育,及时发现和疏导未成年人心理上的不良倾向。培养学生自我认识、自我激励和自我控制的能力,避免动辄诉诸于暴力的情况发生。

以上建议,请你局根据实际情况认真研究落实,并将落实情况于三十日内书面函告我院。

连云港市赣榆区人民检察院
2016年12月8日

## 文书二十二　江苏省昆山市人民检察院关于对昆山市浩宇建材厂综合整治检察建议书

# 江苏省昆山市院督促对昆山市浩宇建材厂进行综合整治检察建议案

2016年2月，有人大代表和群众向江苏省昆山市人民检察院反映，位于巴城镇的浩宇建材厂炉渣堆积如山，不仅违规占用土地，而且污染环境，存在垮塌可能。对此，昆山市检察院立即派员走访调查。经查，浩宇建材厂是昆山市唯——家具有生活垃圾焚烧炉渣处置资质的企业。2008年8月，该厂与生活垃圾焚烧厂签订了为期10年的收购炉渣合同，从事制砖生产销售。然而因生活垃圾焚烧厂超负荷运转以及焚烧工艺设计等因素制约，炉渣综合利用效果不佳，砖块滞销。在生活垃圾焚烧厂日供炉渣超过400吨的情况下，浩宇建材厂继续接收炉渣，清洗后的炉渣任意堆放，非法占用了农田、沟渠、道路等集体用地，堆放高度超过了15米，清洗炉渣的废水直排戚浦塘，安全隐患突出、环境污染严重，周边群众反响强烈。

2016年6月，昆山市检察院根据走访调查，详细了解情况，撰写并向市政府及各行政部门提出了关于对昆山市浩宇建材厂进行综合整治的检察建议及督促行政执法的法律分析意见。7月20日，昆山市分管副市长多次召集检察、国土、城管、环保、安监、市场监督、乡镇等单位负责人召开专题整治会议。2016年下半年，昆山市国土、安监、环保部门先后依照法定程序，对浩宇建材厂进行了行政处罚，并责令该厂完成复垦复种、降低炉渣堆放高度、停止侵害。截至目前，该厂完成了所有存量炉渣的清理处置工作，15

万吨炉渣堆被移平补植复绿。该厂所在的村也顺利收回了被占用的集体土地。

承办检察官：江苏省昆山市人民检察院　赵　庆

# 江苏省昆山市人民检察院
# 检察建议书

昆检民（行）行政违监〔2016〕32058300001-04号

昆山市环境保护局、昆山市城市管理局、昆山市国土局、昆山市市场监督管理局、昆山市安全生产监督管理局：

近期，本院接到群众反映，昆山市浩宇建材厂（以下简称浩宇建材厂）露天堆放废渣影响日常生活。本院立即走访调查，发现巴城镇毛许路戚浦塘沿岸小作坊林立，尤以浩宇建材厂炉渣综合利用问题突出，不仅造成环境污染，更存在垃圾处置风险，亟需引起重视。本院于今年6月23日决定依职权对相关行政执法进行审查监督。

## 一、浩宇建材厂基本情况

本院经调查核实，现查明：浩宇建材厂在巴城镇石牌工业区内，位于凤凰村毛许路戚浦塘沿岸，2006年成立，法定代表人王华先，主要经营墙体砌块、水泥砼、人行道板等建筑材料销售，是昆山市唯一经江苏省经济和信息化委员会验收的拥有"生活垃圾焚烧炉渣制砖技术"的新型墙体材料企业。2009年浩宇建材厂新增"再生沙多孔砖生产销售"项目，在《建设项目环境影响报告表》中显示，再生沙多孔砖是使用、再生利用废炉渣生产、非烧结的墙体材料，年产再生沙多孔砖6000万块，使用炉渣再生沙8万吨，本项目无工业废水产生，生活污水经生化处理后外排至戚浦塘。今年2月，本院巴城检察室联合巴城镇政府、昆山市环境监察四中队等现场调查，发现浩宇建材厂外排水浑浊，臭味明显。经采样检测，昆山市环境监测站出具的两份《水质监测报告》表明，该厂灰渣堆场雨水沟、南下水道的化学需氧量、总磷、氨氮、铜均超标数倍①，辗转流入戚浦塘，与水源保护地傀儡湖相通，虽已关闭水闸，但汛期已至，开闸排洪势在必行。另查明，浩宇建材厂与昆山鹿城垃圾发电有限公司（以下简称鹿城公司）签订《炉渣买卖合同书》，约定鹿城公司将垃圾焚烧产生炉渣全部供给浩宇建材厂独家开发利用，从2008年8月8日至2018年8月7日，若违约承担合作未到期每年2.5万元违约金，若浩宇建材厂不能按环保法规定合理利用炉渣造成环境污染，相关部门提出意见的，鹿城公司有权解除合同。目前，鹿城公司年产炉渣14.6万吨，浩宇建材厂露天堆放炉渣及其再生沙超15万吨，最高点至地面约15米，炉渣性能类似煤炭，松散易垮塌，安全隐患突出。

## 二、主要问题及法律责任分析

浩宇建材厂依靠焚烧炉渣制砖，但存在多种违法经营，急需整治，主要问题如下：

（一）炉渣堆放问题：近年来，浩宇建材厂制砖量逐年下降，所制砖块因砖体锈蚀、强度不高等问题，销路并不理想，加之，炉

---

① 详见2016年2月25日昆山市环境监测站《水质监测报告》：采样地点1毛许路灰渣堆场雨水沟，化学需要量440mg/L，氨氮44.2mg/L.；采样地点2毛许路南下水道，化学需氧量460mg/L，总磷2.17mg/L，氨氮20.1mg/L；采样地点3毛许路南河水，总磷6.22mg/L。6月的另一份《水质监测报告》：采样地点1雨水收集池，化学需氧量396mg/L,，总磷0.67mg/L，氨氮19.4mg/L；采样地点2生产循环池水，pH值12.16，化学需氧量3170mg/L,，铜7.59mg/L，氨氮17.6mg/L；采样地点3南侧推场上存积水，pH值12.26，化学需氧量2750mg/L,，铜6.84mg/L。而《污水综合排放标准》（GB8978-1996）规定标准是：pH值6-9，化学需要量100mg/L，总磷0.5mg/L，氨氮15mg/L，铜0.5mg/L。水质指标多处超标，部分超标达数十倍。

渣加水筛洗回收有色金属获利丰厚，直接分包第三方，年回报几百万元，而浩宇建材厂对炉渣制砖工艺投入有限，导致炉渣堆积成山，堆高作业危险，缺乏必要的分层作业，作业面人手不够，产生重大安全隐患。加之，渣堆与普洛斯物流园仓库紧邻，一旦塌方，严重危及物流公司的生命财产安全。

（二）环境污染问题：浩宇建材厂对炉渣预处理的水洗措施伴生大量污水，但企业主没有设立污水净化和循环利用设施，导致污水影响戚浦塘及水源保护地。而且，对于炉渣堆放场地未进行防渗处理、表面未覆土、渗滤液收集系统和处理设施不完善、沼气未进行疏导等，炉渣可能对地表水和地下水造成二次污染①。炉渣运输、装卸、堆高与清洗的粉尘和扬尘污染，危害环境。该厂故意隐瞒真相，违反环评报告，使得资源再生的环保项目，变成污染的罪魁祸首。对此，环保部门应当加大行政处罚力度，并对其民事追责。一方面，依据《炉渣买卖合同书》约定②，针对该厂的污染行为，鹿城公司有权解除合同，停止炉渣供应；另一方面，对已造成的污染，依据《中华人民共和国侵权责任法》第六十五条③，要求该厂予以损害赔偿与生态环境修复。

（三）综合利用问题：对垃圾焚烧炉渣的综合利用已成为业界共识，炉渣制砖技术也基本成熟。然而，浩宇建材厂独家垄断炉渣制砖项目，严重制约昆山市炉渣综合利用的研发。同时，应当注意

---

① 将2011年苏州市墙体材料改革和建筑节能办公室编制《生活垃圾焚烧炉渣制砖技术及产业化研究——验收材料之三研究报告》4.6.1 对浩宇建材分别于2010年10月25日、2010年12月7日、2011年1月15日、2011年4月18日进行取样，炉渣毒性浸出结果显示：浩宇建材厂4份检材，汞0.02mg/L，氰化物0.5mg/L，此外还检出了铅、镍、镉、铬、砷等物质。

② 《炉渣买卖合同书》第三部分违约责任中第3条：若浩宇建材厂不能按环保法规定合理利用炉渣造成环境污染，相关部门提出意见的，鹿城公司有权解除合同。

③ 《中华人民共和国侵权责任法》第六十五条：因污染环境造成损害的，污染者应当承担侵权责任。

炉渣质量也影响综合利用效能。江苏省建设厅制作的《昆山垃圾焚烧发电厂二期项目移交生产前初步评价报告》，对鹿城公司问题有多项描述，如烟气在线监测装置及检查指标分类不符合 CJJ90-2009 规范要求，不利于运行调整控制达标排放；温度测量显示炉膛温度分布不均，偏差过大，应进行原因分析；飞灰处置需要三联单跟踪等。江苏省环境保护厅公示的《关于昆山鹿城垃圾发电有限公司扩建项目二期工程竣工环境保护验收意见的函》（苏环验〔2015〕6号）明确"飞灰固化后送昆山第三垃圾填埋场填埋，焚烧炉渣作为一般固废进行综合利用。"鹿城公司将炉渣综合利用委托浩宇建材厂实施，但未落实环保等企业主体责任。炉渣虽与危险废物相区别，仍对土壤、地表水等存在污染风险①，凤凰村曾在浩宇建材厂填没的鱼塘上试图播撒种子，均未见发芽。

（四）非法占地问题：浩宇建材厂非法占地也成为困扰周边村民的一个主要问题，由此引发的信访纠纷不断。该厂土地系向凤凰村租用，2005年为11.5亩的码头，逐年向外扩张，虽然凤凰村已经停止与该企业的土地租赁合同，但浩宇建材厂仍长期非法占地，至今实际占用农用地和建设用地等共3.9公顷（58.5亩）。

---

① 2011年3月18日，环卫科技网、陈东河、吴笑梅、樊粤明撰写的《城市生活垃圾焚烧炉渣的性质及其环境影响评价》通过对上海市江桥生活垃圾焚烧发电厂的炉渣性质分析，测定其气味分子为喹啉基及异硫氧基衍生物，炉渣的镉、锌、镍等3种重金属含量分别为8.0，2432.9，216.7mg/kg，不能达到国家土壤环境质量标准，其重金属溶出浓度不能达到国家地表水环境质量标准。炉渣在不同的PH值条件下，尤其是酸性条件下（PH值为5.5），Cd、Cu、Zn、P（镉、铅、锌、磷）4种金属元素的浸出浓度分别为33.42、1400.2、3867.9、4439.3μg/L，不能达到GB3838-2002地表水环境质量标准的最低要求，故炉渣的简单填埋甚或处理不当，由于受雨水尤其酸雨的冲刷，必然会对地表水造成一定程度的污染。

### 三、行政执法与法律适用分析

昆山市巴城镇人民政府对于浩宇建材厂上述问题高度重视,先后开展实地调查、工作推进会、告知企业主体责任等,但收效甚微。彻底解决浩宇建材厂问题,需要形成执法合力,齐抓共管,运用多种行政执法手段加强综合治理:

(一)环境保护监管方面:浩宇建材厂再生沙多孔砖项目虽有环评,却至今未通过验收,擅自将生产污水直接外排,与审批意见中"不得有生产废水外排"等要求相悖,违反《中华人民共和国环境影响评价法》第二十四条、第二十六条、第二十七条①关于落实环保措施、重报环评或组织后评价等义务,依据该法第二十八

---

① 《中华人民共和国环境影响评价法》第二十四条:建设项目的环境影响评价文件经批准后,建设项目的性质、规模、地点、采用的生产工艺或者防治污染、防止生态破坏的措施发生重大变动的,建设单位应当重新报批建设项目的环境影响评价文件。建设项目的环境影响评价文件自批准之日起超过五年,方决定该项目开工建设的,其环境影响评价文件应当报原审批部门重新审核;原审批部门应当自收到建设项目环境影响评价文件之日起十日内,将审核意见书面通知建设单位。

第二十六条:建设项目建设过程中,建设单位应当同时实施环境影响报告书、环境影响报告表以及环境影响评价文件审批部门审批意见中提出的环境保护对策措施。

第二十七条:在项目建设、运行过程中产生不符合经审批的环境影响评价文件的情形的,建设单位应当组织环境影响的后评价,采取改进措施,并报原环境影响评价文件审批部门和建设项目审批部门备案;原环境影响评价文件审批部门也可以责成建设单位进行环境影响的后评价,采取改进措施。

条、第三十一条、第三十三条规定①，环保部门应查明责任，给予行政处罚。浩宇建材厂违反"三同时"和环评验收规定擅自投入生产，违反《建设项目环境保护管理条例》第十二条、第十六条、第十八条、第二十条、第二十三条规定的关于建设项目需配套建设

---

① 《中华人民共和国环境影响评价法》第二十八条：环境保护行政主管部门应当对建设项目投入生产或者使用后所产生的环境影响进行跟踪检查，对造成严重环境污染或者生态破坏的，应当查清原因、查明责任。对属于为建设项目环境影响评价提供技术服务的机构编制不实的环境影响评价文件的，依照本法第三十三条的规定追究其法律责任；属于审批部门工作人员失职、渎职，对依法不应批准的建设项目环境影响评价文件予以批准的，依照本法第三十五条的规定追究其法律责任。

第三十一条：建设单位未依法报批建设项目环境影响评价文件，或者未依照本法第二十四条的规定重新报批或者报请重新审核环境影响评价文件，擅自开工建设的，由有审批该项目环境影响评价文件的环境保护行政管理部门责令停止建设，限期补办手续；逾期不补办手续的，可以处五万元以上二十万元以下的罚款，对建设单位直接负责的主管人员和其他直接责任人员，依法给予行政处分。

第三十三条：接受委托为建设项目环境影响评价提供技术服务的机构在环境影响评价工作中不负责任或者弄虚作假，致使环境影响评价文件失实的，由授予环境影响评价资质的环境保护行政主管部门降低其资质等级或者吊销其资质证书，并处所收费用一倍以上三倍以下的罚款；构成犯罪的，依法追究刑事责任。

环保设施、经验收合格方可投入生产等义务①，依据该条例第二十八条的规定②，环保部门应责令其停止生产，并处罚款等。浩宇建材厂违法排放废水，违反《中华人民共和国环境保护法》第四十一条、第四十

---

① 《建设项目环境保护管理条例》第十二条：建设项目环境影响报告书、环境影响报告表或者环境影响登记表经批准后，建设项目的性质、规模、地点或者采用的生产工艺发生重大变化的，建设单位应当重新报批建设项目的环境影响报告书、环境影响报告表或者环境影响登记表。建设项目环境影响报告书、环境影响报告表或者环境影响登记表自批准之日起满5年，建设项目方开工建设的，其环境影响报告书、环境影响报告表或者环境影响登记表应当报原审批机关重新审核。原审批部门应当自收到建设项目环境影响报告书、环境影响报告表或者环境影响登记表之日起10日内，将审核意见书面通知建设单位；逾期未通知的，视为审核同意。

第十六条：建设项目需要配套建设的环境保护设施，必须与主体工程同时设计、同时施工、同时投产使用。

第十八条：建设项目的主体工程完工后，需要进行试生产的，其配套建设的环境保护设施必须与主体工程同时投入试运行。

第二十条：建设项目竣工后，建设单位应当向审批该建设项目环境影响报告书、环境影响报告表或者环境影响登记表的环境保护行政主管部门，申请该建设项目需要配套建设的环境保护设施竣工验收。环境保护设施竣工验收，应当与主体工程竣工验收同时进行。需要进行试生产的建设项目，建设单位应当自建设项目投入试生产之日起3个月内，向审批该建设项目环境影响报告书、环境影响报告表或者环境影响登记表的环境保护行政主管部门，申请该建设项目需要配套建设的环境保护设施竣工验收。

第二十三条：建设项目需要配套建设的环境保护设施经验收合格，该建设项目方可正式投入生产或者使用。

② 《建设项目环境保护管理条例》第二十八条：违反本条例规定，建设项目需要配套建设的环境保护设施未建成、未经验收或者经验收不合格，主体工程正式投入生产或者使用的，由审批该建设项目环境影响报告书、环境影响报告表或者环境影响登记表的环境保护行政主管部门责令停止生产或者使用，可以处10万元以下的罚款。

二条①和《中华人民共和国水污染防治法》第二十条、第二十二条②规定，依据《中华人民共和国环境保护法》第五十九、第六十条、第六十四条③

---

① 《中华人民共和国环境保护法》第四十一条：建设项目中防治污染的设施，应当与主体工程同时设计、同时施工、同时投产使用。防治污染的设施应当符合经批准的环境影响评价文件的要求，不得擅自拆除或者闲置。

第四十二条：排放污染物的企业事业单位和其他生产经营者，应当采取措施，防治在生产建设或者其他活动中产生的废气、废水、废渣、医疗废物、粉尘、恶臭气体、放射性物质以及噪声、振动、光辐射、电磁辐射等对环境的污染和危害。排放污染物的企业事业单位，应当建立环境保护责任制度，明确单位负责人和相关人员的责任。重点排污单位应当按照国家有关规定和监测规范安装使用监测设备，保证监测设备正常运行，保存原始监测记录。严禁通过暗管、渗井、渗坑、灌注或者篡改、伪造监测数据，或者不正常运行防治污染设施等逃避监管的方式违法排放污染物。

② 《中华人民共和国水污染防治法》第二十条：国家实行排污许可制度。直接或者间接向水体排放工业废水和医疗污水以及其他按照规定应当取得排污许可证方可排放的废水、污水的企业事业单位，应当取得排污许可证；城镇污水集中处理设施的运营单位，也应当取得排污许可证。排污许可的具体办法和实施步骤由国务院规定。禁止企业事业单位无排污许可证或者违反排污许可证的规定向水体排放前款规定的废水、污水。

第二十二条：向水体排放污染物的企业事业单位和个体工商户，应当按照法律、行政法规和国务院环境保护主管部门的规定设置排污口；在江河、湖泊设置排污口的，还应当遵守国务院水行政主管部门的规定。禁止私设暗管或者采取其他规避监管的方式排放水污染物。

③ 《中华人民共和国环境保护法》第五十九条：企业事业单位和其他生产经营者违法排放污染物，受到罚款处罚，被责令改正，拒不改正，依法作出处罚决定的行政机关可以自责令改正之日的次日起，按照原处罚数额按日连续处罚。

第六十条：企业事业单位和其他生产经营者超过污染物排放标准或者超过重点污染物排放总量控制指标排放污染物的，县级以上人民政府环境保护主管部门可以责令其采取限制生产、停产整治等措施；情节严重的，报经有批准权的人民政府批准，责令停业、关闭。

第六十四条：因污染环境和破坏生态造成损害的，应当依照《中华人民共和国侵权责任法》有关规定承担侵权责任。

223

和《中华人民共和国水污染防治法》第七十四条的规定①，环保部门可责令停产整治，处以罚款，要求企业承担生态环境修复责任。

（二）安全生产监管方面：最直观的安全隐患是炉渣堆，无论高度，还是松散构造都很危险，参照《金属非金属矿山安全规程》（GB16432－2006）和《金属非金属矿山排土场安全生产规则》（AQ2005－2005）相关规定，科学设计炉渣堆土的分层作业路面、挡墙、反坡、排水设施、抗震设施等安全措施，制定定期检查裂缝、保持安全作业距离等安全生产制度，消除安全隐患。根据《中华人民共和国安全生产法》第五条、第十八条、第二十八条、第五十五条②，加强对企业的安全生产主体责任落实，建立健全浩

---

① 《中华人民共和国水污染防治法》第七十四条：违反本法规定，排放水污染物超过国家或者地方规定的水污染物排放标准，或者超过重点水污染物排放总量控制指标的，由县级以上人民政府环境保护主管部门按照权限责令限期治理，处应缴纳排污费数额二倍以上五倍以下的罚款。限期治理期间，由环境保护主管部门责令限制生产、限制排放或者停产整治。限期治理的期限最长不超过一年；逾期未完成治理任务的，报经有批准权的人民政府批准，责令关闭。

② 《中华人民共和国安全生产法》第五条：生产经营单位的主要负责人对本单位的安全生产工作全面负责。

第十八条：生产经营单位的主要负责人对本单位安全生产工作负有下列职责：（一）建立、健全本单位安全生产责任制；（二）组织制定本单位安全生产规章制度和操作规程；（三）保障本单位安全生产投入的有效实施；（四）督促、检查本单位的安全生产工作，及时消除生产安全事故隐患；（五）组织制定并实施本单位的生产安全事故应急救援预案；（六）及时、如实报告生产安全事故；（七）组织制定并实施本单位安全生产教育和培训计划。

第二十八条：生产经营单位新建、改建、扩建工程项目的安全设施，必须与主体工程同时设计、同时施工、同时投入生产和使用。安全设施投资应当纳入建设项目概算。

第五十五条：从业人员应当接受安全生产教育和培训，掌握本职工作所需的安全生产知识，提高安全生产技能，增强事故预防和应急处理能力。

宇建材厂的各项安全措施。又根据该法第九十八、第九十九条①，安监部门从严整治，对未制定应急预案、未采取措施消除隐患等违法行为，依法责令限期改正，停产整顿，并处罚款。

（三）市场监督管理方面：浩宇建材厂再生砖产量质量逐年下降，依据《江苏省发展新型墙体材料条例》第二十四条、第二十六条②规定，市场监督管理部门应当加强对该厂再生沙多孔砖的质量监督，对检验合格的应当提供该产品的检验合格证和产品使用说明书，对检查发现的不合格产品、不符合保障人体健康和人身、财产安全的产品，及时查处违法行为，依据《中华人民共和国产品质量法》第四

---

① 《中华人民共和国安全生产法》第九十八条：生产经营单位有下列行为之一的，责令限期改正，可以处十万元以下的罚款；逾期未改正的，责令停产停业整顿，并处十万元以上二十万元以下的罚款，对其直接负责的主管人员和其他直接责任人员处二万元以上五万元以下的罚款；构成犯罪的，依照刑法有关规定追究刑事责任：（一）生产、经营、运输、储存、使用危险物品或者处置废弃危险物品，未建立专门安全管理制度、未采取可靠的安全措施的；（二）对重大危险源未登记建档，或者未进行评估、监控，或者未制定应急预案的；（三）进行爆破、吊装以及国务院安全生产监督管理部门会同国务院有关部门规定的其他危险作业，未安排专门人员进行现场安全管理的；（四）未建立事故隐患排查治理制度的。

第九十九条：生产经营单位未采取措施消除事故隐患的，责令立即消除或者限期消除；生产经营单位拒不执行的，责令停产停业整顿，并处十万元以上五十万元以下的罚款，对其直接负责的主管人员和其他直接责任人员处二万元以上五万元以下的罚款。

② 《江苏省发展新型墙体材料条例》第二十四条：新型墙体材料产品的质量必须符合相关的国家标准、行业标准、地方标准；没有国家标准、行业标准和地方标准的，应当符合企业标准。企业标准应当符合保障人体健康和人身、财产安全的要求，并报标准化行政主管部门备案。新型墙体材料产品的质量应当检验合格。销售新型墙体材料应当提供该产品的检验合格证和产品使用说明书。

第二十六条：国土资源主管部门应当对粘土空心砖生产项目实行限制供地，对生产粘土空心砖使用的粘土资源实行限制开采。质量技术监督、工商行政管理部门应当按照各自职责，加强对新型墙体材料的质量监督，依法查处生产、销售国家明令淘汰的墙体材料的违法行为。建设主管部门应当在其职责范围内加强对建筑工程使用墙体材料情况的监督，依法查处违法设计、施工、监理的行为。

十九条、第五十条、第五十七条①,作出停止生产销售、没收违法所得、吊销营业执照、撤销认证资格等处罚。

(四)城市管理方面:依据《城市市容和环境卫生管理条例》第三十六条②及《生活垃圾焚烧厂运行监管标准》(GJJ/T212-2015),城管部门应当加强生活垃圾处理监管,制定监管方案,细化对生活垃圾的进料系统、垃圾焚烧系统、燃烧空气与辅助燃烧系统、余热锅炉系统、控制系统、烟气净化系统、烟气在线监测系统、渗沥液及灰渣输送处理系统的全面监管,及时发现整治违规行为,责令提出改造方案,限期整改。

(五)国土监管方面:依据《中华人民共和国土地管理法》第二条、

---

① 《中华人民共和国产品质量法》第四十九条:生产、销售不符合保障人体健康和人身、财产安全的国家标准、行业标准的产品的,责令停止生产、销售,没收违法生产、销售的产品,并处违法生产、销售产品(包括已售出和未售出的产品,下同)货值金额等值以上三倍以下的罚款;有违法所得的,并处没收违法所得;情节严重的,吊销营业执照;构成犯罪的,依法追究刑事责任。

第五十条:在产品中掺杂、掺假,以假充真,以次充好,或者以不合格产品冒充合格产品的,责令停止生产、销售,没收违法生产、销售的产品,并处违法生产、销售产品货值金额百分之五十以上三倍以下的罚款;有违法所得的,并处没收违法所得;情节严重的,吊销营业执照;构成犯罪的,依法追究刑事责任。

第五十七条:产品质量检验机构、认证机构伪造检验结果或者出具虚假证明的,责令改正,对单位处五万元以上十万元以下的罚款,对直接负责的主管人员和其他直接责任人员处一万元以上五万元以下的罚款;有违法所得的,并处没收违法所得;情节严重的,取消其检验资格、认证资格;构成犯罪的,依法追究刑事责任。产品质量检验机构、认证机构出具的检验结果或者证明不实,造成损失的,应当承担相应的赔偿责任;造成重大损失的,撤销其检验资格、认证资格。产品质量认证机构违反本法第二十一条第二款的规定,对不符合认证标准而使用认证标志的产品,未依法要求其改正或者取消其使用认证标志资格的,对因产品不符合认证标准给消费者造成的损失,与产品的生产者、销售者承担连带责任;情节严重的,撤销其认证资格。

② 《城市市容和环境卫生管理条例》第三十六条:垃圾处理设施的建设和管理,应当符合相关产业政策、技术政策、建设标准和环境标准,遵守相关操作管理规范,提高无害化处理水平。市容环卫管理部门对不符合环境卫生标准的垃圾处理厂(场),应当责令其提出改造方案,限期整改。

第三条、第六十七、第七十四、第七十六、第八十一条①、《土地管理

---

① 《中华人民共和国土地管理法》第二条 中华人民共和国实行土地的社会主义公有制,即全民所有制和劳动群众集体所有制。全民所有,即国家所有土地的所有权由国务院代表国家行使。任何单位和个人不得侵占、买卖或者以其他形式非法转让土地。土地使用权可以依法转让。国家为了公共利益的需要,可以依法对土地实行征收或者征用并给予补偿。国家依法实行国有土地有偿使用制度。但是,国家在法律规定的范围内划拨国有土地使用权的除外。

第三条 十分珍惜、合理利用土地和切实保护耕地是我国的基本国策。各级人民政府应当采取措施,全面规划,严格管理,保护、开发土地资源,制止非法占用土地的行为。

第六十七条 县级以上人民政府土地行政主管部门履行监督检查职责时,有权采取下列措施:(一)要求被检查的单位或者个人提供有关土地权利的文件和资料,进行查阅或者予以复制;(二)要求被检查的单位或者个人就有关土地权利的问题作出说明;(三)进入被检查单位或者个人非法占用的土地现场进行勘测;(四)责令非法占用土地的单位或者个人停止违反土地管理法律、法规的行为。

第七十四条 违反本法规定,占用耕地建窑、建坟或者擅自在耕地上建房、挖砂、采石、采矿、取土等,破坏种植条件的,或者因开发土地造成土地荒漠化、盐渍化的,由县级以上人民政府土地行政主管部门责令限期改正或者治理,可以并处罚款;构成犯罪的,依法追究刑事责任。

第七十六条 未经批准或者采取欺骗手段骗取批准,非法占用土地的,由县级以上人民政府土地行政主管部门责令退还非法占用的土地,对违反土地利用总体规划擅自将农用地改为建设用地的,限期拆除在非法占用的土地上新建的建筑物和其他设施,恢复土地原状,对符合土地利用总体规划的,没收在非法占用的土地上新建的建筑物和其他设施,可以并处罚款;对非法占用土地单位的直接负责的主管人员和其他直接责任人员,依法给予行政处分;构成犯罪的,依法追究刑事责任。超过批准的数量占用土地,多占的土地以非法占用土地论处。

第八十一条 擅自将农民集体所有的土地的使用权出让、转让或者出租用于非农业建设的,由县级以上人民政府土地行政主管部门责令限期改正,没收违法所得,并处罚款。

法实施条例》第三十六条及《江苏省土地管理条例》第四十七条、第五十一条之规定①，针对浩宇建材厂非法占地逐年扩大的情况，土地管理部门应当责令退还非法占用土地，没收违法所得，并处罚款。

## 四、检察建议与对策

浩宇建材厂问题环环相扣、错综复杂，不仅影响周边群众生产生活，而且关系垃圾综合利用及水源保护等民生问题。习总书记指出：绿水青山就是金山银山，要像对待生命一样对待生态环境，把不损害生态环境作为发展的底线。依据最高人民检察院《人民检察院检察建议工作规定（试行）》第三条、第五条之规定，建议系统治理相关问题，具体如下：

（一）引入市场竞争机制，拓展焚烧炉渣销路。浩宇建材厂的治理难点在于它是昆山市唯一处置焚烧炉渣企业，一旦停产每日400吨炉渣将无法解决。基于此，建议引入竞争，在全市培育多种炉渣综合利用项目，拓展炉渣制砖、烧制陶泥等多元化处置路径，

---

① 《土地管理实施条例》第三十六条：未经批准或者采取荒废耕地等手段骗取批准，非法占有土地建设住宅或者从事其他建设的，限期拆除或者没收在非法占有的土地上新建的建筑物和其他设施，责令退还非法占用的土地。依法受到限期拆除新建的建筑物和其他设施的处罚单位和个人，继续施工的设备、建筑材料予以查封。

《江苏省土地管理条例》第四十七条：县级以上地方各级人民政府土地行政主管部门在履行监督检查职责时，有权查验土地证书；对非法占用土地进行建设的单位和个人有权责令其停止建设，自行拆除，并可以通知施工单位和个人停止施工。

第五十一条：违反土地利用总体规划，未经批准或者采取欺骗手段骗取批准，以及超过批准的数量非法占用建设用地或者未利用地的，由县级以上地方人民政府土地行政主管部门责令退还非法占用的土地，限期拆除在非法占用的土地上新建的建筑物和其他设施，可以并处非法占用土地每平方米十元以上三十元以下的罚款。

如扶持条件成熟的企业研发炉渣再生利用项目；统筹全市道路建设和场地建设的填充物需求量尽快消除炉渣山安全隐患；寻求炉渣多元化销售路径确保及时处置等。同时，作为系统工程的另一面，必须确保垃圾焚烧炉渣无公害，加强源头治理。严防鹿城公司飞灰污染，加强技术改进，解决垃圾"未燃尽"问题，平均分布炉膛燃点，助燃剂化学配比到位，定期更换飞灰收纳布袋，确保风量风压合理分配、充足氧气供应和燃烧时间。

（二）开展环境综合治理，全面消除污染隐患。加快对该区域非法占地问题的综合整治，在对责任单位和责任人行政处罚同时，做好环境综合治理工作。浩宇建材厂所在毛许路戚浦塘沿岸另有5家小作坊，有收购废物的，有碎玻璃的，有五金加工的，有黄沙买卖的，污染隐患突出，考虑到戚浦塘与昆山市水源保护地相通，建议加强该地区非法建设和沿河码头的整治工作。在对浩宇建材厂开展环境整治同时，对周边小作坊同步开展治理，铺设污水管道，拆除非法建设，取缔污染黑作坊，及时采取防污措施，全力确保水源安全。

（三）推进垃圾分类试点，提高综合利用效益。炉渣质量可追溯至垃圾源头，餐厨废弃物因含水量高而影响燃烧效果。借鉴国外经验，餐厨废弃物是有机肥料、生物燃料来源，建议扶持引进餐厨废弃物终端处理工程等垃圾再生利用项目，在社区乡村逐步试点推行餐厨废弃物收集系统，实现变废为宝。同时，完善全市垃圾处理体系规划，统筹协调垃圾分类回收、再生利用、无害处理等功能，对不同的垃圾进行科学利用，最大限度降低环境负担，从源头上为有效利用生活垃圾寻找多元化处置路径。同时，积极引进先进处理技术，落实填埋、综合利用等配套项目的合理选址，促进城市垃圾处理的良性循环。

请在收到后一个月内作出处理并将处理结果书面回复本院。

昆山市人民检察院<br>2016 年 7 月 15 日